Milagros de la Virgen Desatanudos
es editado por
LIBRO LATINO S.A. Algarrobo 881
C.P. 1293, Buenos Aires, Argentina.
Tel. / Fax: 4302-8424
E-mail: librolatino@interlink.com.ar
Prohibida su reproducción total o parcial.
Derechos Reservados.
Impreso en Poligráfica del Plata S.A.,
Argentina.
I.S.B.N. Nº 987-525-013-9
Buenos Aires, mayo de 1999.

Milagros de la Virgen Desatanudos

Pedro de Dios

INTRODUCCIÓN

En la ciudad de Augsburgo, al sur de Alemania, una antigua iglesia apunta su cúpula al cielo. La portentosa mole ornamentada es visible a kilómetros de distancia y parece imponer respeto a la moderna edificación urbana que la rodea, como si hiciese valer los derechos de su antigüedad y nobleza.

El visitante que traspasa los gigantescos pórticos de madera añeja de la entrada se siente invadido por el mareo espacial que provocan las sucesivas arcadas del techo, pobladas de ángeles etéreos y personajes bíblicos.

No es difícil percibir que la iglesia St. Peter am Perlach es un vestigio de otros tiempos, ella misma una incursión en la compleja y misteriosa Edad Media, pues su construcción data del año 1067. A la izquierda del altar mayor, rodeado de velas y sobre un altar de mármol rosado, un inmenso cuadro de la Virgen llama invariablemente la atención del peregrino, que percibe al instante la paz y la belleza que transmite la imagen.

Pero no se trata de una pintura cualquiera de la Virgen, es el cuadro original de Nuestra Señora de Knotenlöserin o la Virgen que Desata los Nudos, creado por un pintor de exquisita sensibilidad cuyo nombre Dios o la historia no han querido revelarnos.

La imagen muestra a María rodeada de ángeles el de su izquierda le alcanza una cinta enredada, plagada de nudos, que al pasar por sus manos se van desenredando. La cinta cae grácilmente a su derecha, siendo recibida por otro ángel intercesor. Sobre María se ve al Espíritu Santo, que desciende sobre ella, y debajo puede verse a la antigua serpiente, vencida bajo sus pies. Por último, en la parte inferior de la pintura está representado el Arcángel Rafael, acompañando a un hombre, libre ya del pecado original, para que llegue sin cargas al matrimonio.

Pero Nuestra Señora de los Desatanudos no nació de la fervorosa imaginación de un artista, sino de los relatos de San Ireneo, un cristiano que en el siglo II la llamó de esta manera en sus escritos. Este hombre, al que la devoción popular convirtió en santo, se dirigía a la Virgen llamándola "María, la Virgen desatadora de todos los nudos". Y sabía muy bien a qué se refería. Él se encargó de divulgar la fe en la Santísima Virgen, porque sabía que Ella era la mejor intercesora para deshacer las ataduras que inmovilizan la vida de la humanidad. A Ella le pidió, a Ella honró, y sus súplicas le fueron recompensadas con creces, no sólo a él sino a todos por quienes Ireneo oraba.

Muchos años más tarde un pintor alemán decidió dar imagen a aquellas palabras, compenetrado con el sentimiento del escritor cristiano. Hacia el 1700 la pintura estuvo terminada, y desde entonces ocupa un ala de la iglesia St. Peter am Perlach, despertando una fervorosa devoción mariana en miles de creyentes europeos, que encontraron en la imagen la fortaleza que necesitaban para superar sus dolores y problemas.

Poco a poco la fama de la obra anónima se fue extendiendo por el resto de Europa y finalmente llegó a nuestro continente.

La historia se repitió. Pareciera que la voluntad de la Virgen fuera que sus difusores queden en el anonimato. Un sacerdote trajo de Alemania a la Argentina varias estampas con la imagen del cuadro, y en su reverso una oración en su idioma original. Sin embargo, nadie recuerda hoy quién fue el sacerdote que distribuyó las estampas en distintos lugares de la Argentina, y quizás así deba ser.

La Virgen en la Argentina

Un día, tres feligreses que poseían estampas de la Virgen Desatanudos quisieron que la bella imagen estuviese a disposición de todos. Habían conversado sobre sus mutuos problemas y la enorme ayuda que habían recibido de la Virgen al orarle a la imagen de la estampa, ya impresa en sus mentes y corazones.

Los tres eran vecinos del barrio de Agronomía y, agradecidos y entusiasmados como estaban, fueron a hablar con el cura de la parroquia a la que asistían. El sacerdote era Rodolfo Arroyo y la parroquia la de San José del Talar, ubicada en la calle Navarro 1460.

Al principio, el padre Arroyo dudó, el proyecto era costoso. ¿Cómo afrontarían los gastos que significaban un altar nuevo y la reproducción de un cuadro de esa complejidad? Pero el sacerdote, contagiado por el fervor de los tres vecinos, les prometió que haría lo posible para recaudar los fondos y contactar a la gente necesaria.

La artista plástica argentina Ana Betta de Verti fue la encargada de la difícil tarea de reproducir la antigua pintura. Luego, el arquitecto Greco y el ingeniero Di Tulio aportaron sus conocimientos para diseñar el altar.

Así, el 8 de diciembre de 1996, en el día de la Virgen, se habilitó la imagen del templo, y sus tres cultores originarios vieron realizado su sueño.

El padre Arroyo veía cómo los feligreses se postraban ante el cuadro, cautivados por su belleza, capaz de profundizar en cada uno de los fieles la fe mariana.

A medida que pasaban los meses, los fieles asiduos de la parroquia crecieron paulatinamente hasta colmar la capacidad de la parroquia y superarla. Un año después de colocado el cuadro de la Virgen, el número de feligreses llegó a coho mil el 8 de diciembre y en 1998 esos ocho mil se convirtieron en setenta mil. Actualmente, todos los 8 de cada mes, miles de devotos forman filas desde la madrugada para llegar hasta la imagen de María.

El cuadro de los milagros

Los entendidos que estudiaron el cuadro coincidieron en señalar la abundancia de ideas que condensa el cuadro y su originalidad, pues no se trata de la típica pintura de "Madonna" o de la Madre con su Hijo.

El cuadro representa a María, la Inmaculada Concepción, quien está entre el cielo y la tierra como el nuevo comienzo, el gran signo de salvación. Desde la luminosidad de Dios baja el Espíritu Santo sobre Ella y la circunda de luz: "Tú eres la llena de gracia", es el mensaje. Por eso su cabeza está adornada con doce estrellas, dones de Dios. El Espíritu Santo es el Espíritu de la obediencia amorosa, que le enseña a Ella a implorar: "¡Padre, Abba! Hágase tu voluntad, yo soy la servidora del Señor".

Su manto se mueve en medio de la plenitud del que da la vida: es la Esposa del Espíritu Santo. Ella, que no ha sido tocada por la culpa original, se mantuvo también libre de la culpa personal. Entonces, con actitud segura pone el pie sobre la cabeza de la "serpiente antigua", que culebrea alrededor de la luna, como signo del odio humano. Ella vence al espíritu de desobediencia, de rebelión, de tinieblas, el cual lanza gritos de furor.

Esta interpretación fue tomada de la obra "Contra las doctrinas heréticas", de San Ireneo, obispo de Lyon y mártir muerto en el año 202 después de Cristo. Esas ideas fueron las que el anónimo pintor barroco quiso plasmar con el pincel, y si bien el cuadro aún no tiene trescientos años, ese pensamiento y la idea de contemplar así a María animó a los cristianos de todas las épocas, ideas que siempre llevaron a reflexionar sobre la cooperación de Nuestra Señora en la obra de redención llevada a cabo por su Hijo.

María, la redentora de Eva

El Concilio Vaticano II, en su Constitución sobre la Iglesia (N°56), revaloró el cuadro entronizado en St. Peter am Perlach. En el Concilio se estableció que "el Padre de la Misericordia quería que, antes de la Encarnación de su Hijo, la Madre predestinada dijera su Sí acogedor, para que, así como una mujer contribuyó a la muerte, también fuese una mujer la que contribuyera a la vida (...) El nudo de la desobediencia de Eva está desatado por medio de la obediencia de María. La virgen Eva, llevada por su incredulidad, ató el nudo del pecado, y a este nudo lo desató María por medio de su fe".

Esto significa que, por nuestras acciones falsas, Dios aceptó como modo de reparación, compensación y satisfacción la obediencia de su Hijo, la de nuestra Madre María y también la obediencia de todos sus hijos. Nuestro Señor, en la plenitud del tiempo, "ha celebrado" el cruento sacrificio de la cruz, como el gran Desatador de nudos de la humanidad. María quedó junto a Jesús como Diaconisa de la salvación, como Desatadora de los nudos del pecado y la desgracia. Se trata del mismo "servicio". Ella lo cumplió ante todo durante el sacrificio de la cruz; nosotros lo llevamos a cabo durante cada celebración del sacrificio eucarístico, como María, a través de nuestra fe, esperanza y amor.

También contemplamos a María como Mediadora de todas las gracias.

Ella distribuye ahora los bienes que una vez adquirió: por eso es Salud de los enfermos, Refugio de los pecadores, Consoladora de los afligidos, Auxiliadora de los cristianos, Madre del buen consejo, Desatadora de todos los nudos.

Uno de los ángeles le alcanza una cinta con nudos grandes y pequeños, separados y amontonados. Esto es el pecado original con todas sus consecuencias, y que tan anudado está en nuestra vida: nudos en la vida personal, en la vida familiar, la vida del trabajo, la comunitaria y también la de los pueblos.

Estos nudos aumentan nuestra fragilidad humana y nos traicionan. A ellos sumamos nuevos nudos con nuestros pecados y malas obras. Debido a la resistencia que le oponemos, la gracia no puede fluir libremente a través de la cinta de nuestra vida. Pero la Servidora del Señor nos anima a la obediencia y la rectitud: con sus manos bondadosas va deshaciendo uno a uno nuestros nudos, para acercarnos a nuestra propia liberación y bienestar.

"¡Mira lo que Ella puede hacer en tu vida!"

Y así la cinta resbala –reflejando la luz de la misericordia y de la sanación– hacia el otro ángel de nuestro destino, el cual expresivamente la muestra a quien reza con amor y se siente escuchado, como diciendo: "¡Mira lo que Ella, a través de su intercesión, puede hacer en tu vida!". Los ángeles buenos nos conducen a la Reina del Cielo, nuestra Reina.

El desligue de un nudo determinado se muestra en la escena de abajo. En la semioscuridad va un pequeño grupo de viajeros en camino hacia una iglesia ubicada sobre una cima: se trata de un ángel, un hombre y un perro.

Aquí debemos atenernos a la interpretación del artista: el Arcángel Rafael conduce al joven Tobías hacia su futura esposa, Sara (Tob. 6:13). Este motivo, para muchos de los que rezan frente a la imagen, tiene suma importancia: el alcance del amor. O bien, como lo dijo el poeta austríaco R.M. Rilke: "que un ser humano llegue a amar a otro: esa es quizá la más difícil de nuestras tareas; la prueba última, el trabajo para el cual todo otro trabajo es sólo una preparación".

Por la intercesión de María pueden encontrarse los futuros esposos, y reencontrarse en paz conyugal los que ya llevan tiempo de casados. ¡Cuántos nudos deberemos desatar hasta que sea regalada la concordia a nuestros corazones!

El cuadro puede relacionarse también con el acontecer del año litúrgico de la Iglesia: "la gran fiesta de la Inmaculada Concepción de la Virgen María, Madre de Dios", el principio de su vida llena de gracia. "El Día de la Dolorosa" en recuerdo de su nueva decisión de fe, que la lleva a estar junto a la Cruz de su Hijo. "La Fiesta de Asunción de María a los cielos", y su coronación como Reina y Patrona de los hombres. Así, cada fiesta mariana nos la muestra con una luz nueva. También, en este profundo y complejo cuadro, pueden descubrirse los quince Misterios del Rosario.

Son muchos los habitantes de Augsburgo que peregrinan hasta Ella, y le hacen una visita silenciosa para agradecerle y pedirle su intercesión.

Es válido citar aquí lo que un guía musulmán dijo, en Efeso, en el verano de 1965, mientras mostraba a los turistas la casa donde murió la Madre de Dios: "Cuando ustedes tienen alguna preocupación, entonces prenden una vela delante de la imagen de Santa María... y Ella los ayuda, hace que la luz de la vela se vuelva y los ilumine a ustedes".

CAPÍTULO I

El padre Arroyo

En tiempos duros como los que está viviendo todo el continente latinoamericano, no es insólito que las iglesias se llenen de fieles. Pero eso no ocurre en todos los templos. Hay algunos que son especiales, como el de San José del Talar, que los 8 de cada mes recibe a más de setenta mil fieles de la Virgen María Desatadora de Todos los Nudos.

El sacerdote de la parroquia, el padre Arroyo, se ordenó en el Seminario Metropolitano. Antes de convertirse en el párroco de San José del Talar, prestó sus servicios en las parroquias de Santa Magdalena y Santa Julia, ambas ubicadas en la ciudad de Buenos Aires. En marzo de 1996 se puso al frente de la parroquia de Agronomía, donde a los pocos meses logró entronizar el cuadro de la Virgen Desatanudos, a pesar de las dificultades económicas. Ni de manera remota pasó por su mente, en ese momento, la futura trascendencia que tendría el cuadro, y aún hoy se muestra sorprendido.

Su modo de ser equilibrado lo ha llevado a afirmar que la Virgen, que atrae feligreses de toda la Argentina y de los países limítrofes, no tiene secretos.

"No existen secretos. Hay que ver a la Virgen como intercesora y decir la oración en forma de rezo", sostiene el padre Arroyo.

Los milagros no son secretos. Hay miles de testimonios que confirman que éstos ocurren. Y el principal de todos es el despertar de la fe en miles de católicos que no practicaban su religión como lo recomienda la Iglesia.

En poco más de dos años, la cantidad de creyentes que van a pedirle gracias a Nuestra Señora Desatadora de Nudos es mayor que la que ostenta la iglesia de San Pantaleón, una de las más populares de Argentina, y parece estar destinada a crecer tanto como para alcanzar las manifestaciones de fe que se producen en la parroquia de San Cayetano, patrono del trabajo, o de la Virgen del Rosario de San Nicolás.

Los feligreses que van los días 8 de cada mes a la parroquia de Agronomía confían en que muy pronto las peregrinaciones hasta ese barrio se transformarán en un fenómeno tan contundente como el que se produce regularmente en el santuario de Nuestra Señora de Luján.

"El 8 de diciembre de 1996, miles de peregrinos visitaron a la Virgen para pedirle trabajo. Así comenzó todo. Ella es la que nos ayuda a resolver la maraña de nuestras dificultades. Son las dificultades que a nadie le faltan. Éstas están representadas por los nudos que desata la Virgen. Es maravilloso que el testimonio que se ha transmitido de boca en boca haya despertado estas manifestaciones de fe. Es que dificultades tenemos todos: famosos y escondidos, ricos y pobres, sanos y enfermos, jóvenes y adultos...", señala el padre Arroyo.

La imagen a la que se refiere el sacerdote es el cuadro que se encuentra en el templo, entrando a la izquierda, y en la que los fieles encuentran la representación de una escena en la que María se ocupa activamente de los problemas que atañen a sus hijos.

El comienzo

"Tres feligreses vinieron a proponerme la posibilidad de entronizar el cuadro de la Virgen bajo esta advocación, que no era conocida popularmente en ese momento. Hice las consultas con el obispo (primero con el cardenal Quarracino, ya fallecido, y después con monseñor Jorge Bergoglio) y con su permiso lo hicimos, sin ninguna expectativa en particular. Pensamos que el tema de los nudos, como metáfora de las dificultades, era muy bello, pero no pudimos prever lo que está sucediendo ahora. Nos sentimos como hormigas debajo de las patas de un elefante. La manera de dirigirse a la Virgen no tiene ningún secreto, la única condición es la fe. Hay que verla como intercesora y decir la oración, en forma de rezo. Las velas son sólo un medio, pero no es una condición importante prenderlas para que la Virgen nos escuche, pero si nos ayuda a rezar, está bien. Nada de lo que se vende es verdad, ni los lazos, ni las velas con nudos", explica a los feligreses el padre Rodolfo Alejandro Arroyo.

La imagen que conmovió a aquellos tres fieles que promovieron su entronización era la que desde hace un par de siglos convoca a la feligresía católica alemana de la ciudad de Augsburgo, a la iglesia de St. Peter, construida en 1067, donde se encuentra el cuadro original, pintado por un artista plástico anónimo alrededor del año 1700.

"El cuadro que tenemos en nuestra parroquia pudimos inaugurarlo el 8 de diciembre de 1996. Fue pintado y donado por la artista plástica Ana Betta de Berti. El diseño de la entronización fue del arquitecto Greco y del ingeniero Di Tulio. Esta imagen es una réplica de un óleo pintado por un autor anónimo, que está en Augsburgo, Alemania. La imagen hace referencia a la mediación maternal de la Virgen para resolver la maraña de nuestras dificultades. Un señor me contó que la palabra "nudo" en alemán significa "problemas" o "embrollos". Sin embargo, para nosotros este término no es tan frecuente en ese sentido. Tal vez por eso el artista la representó con la gracia de poder solucionar cualquier dificultad. La gente asegura que ayuda ante cualquier tipo de pedido, entregando gracias extraordinarias, desde salud hasta trabajo. Mentiría si dijera que todos encontraron aquí la solución, pero la inmensa mayoría se fue confortada", continúa el sacerdote, que está al frente de la parroquia de San José del Talar desde el 3 de marzo de 1996.

Y el padre tiene razón, porque no todas las

soluciones son inmediatas, y a veces las cosas no se solucionan del modo en que nosotros queremos que se solucionen. A veces los hombres aspiramos a obtener cosas o nos relacionamos con seres que nos perjudican, y no nos damos cuenta de que somos nosotros los que podemos estar equivocados. Dios es sabio y, a veces, sólo pasado mucho tiempo podemos llegar a entender el porqué de muchas cosas.

Actividades caritativas

Desde que la imagen fue colocada a un costado de la entrada de la parroquia, los fieles se fueron acercando paulatinamente. Las primeras decenas de fieles se convirtieron a los pocos meses en cientos y luego en miles y decenas de miles. El padre Arroyo debió acudir a su sentido de la organización y del equilibrio para mantener las cosas bajo control.

Y como buen párroco, no deja de señalar acerca de la Virgen: "Es la Inmaculada, porque fue concebida sin pecado. En el seno de su madre, Santa Ana, nació sin mancha original. El pueblo argentino sabe esto. Nuestro pueblo es mariano, la devoción por la Virgen es muy fuerte en toda América latina. Curiosamente, hoy España no es tan devota como nosotros. El 60 por ciento de los católicos está en nuestro continente, mientras el 40 por ciento restante está distribuido por los continentes africano, asiático y europeo. Por eso el Papa llama a Latinoamérica el continente de la esperanza".

Mencionar el tema de la Inmaculada Concepción no es ocioso, dado que el día en que se la conmemora es el 8 de diciembre, fecha que coincide con la entronización de la Virgen Desatanudos en Buenos Aires.

La parroquia que atiende el padre Arroyo tiene una gran actividad paralela de ayuda a los más necesitados. Colabora estrechamente con la entidad de ayuda social perteneciente a la Iglesia católica, denominada Caritas. Todas las semanas miles de fieles entregan allí alimentos no perecederos y prendas de vestir destinados a los habitantes de uno de los barrios de emergencia más pobres de Buenos Aires, denominado Villa 21. La parroquia también apadrina un barrio humilde del partido de Merlo, en la provincia de Buenos Aires.

El vocero de prensa

Leonardo Martínez es un muchacho de poco más de veinte años y colabora con el padre Arroyo desde su función de vocero de la parroquia, ocupándose de los temas de difusión y de las consultas de los feligreses.

Asistió al colegio de la parroquia en la escuela primaria y conoce bien las actividades de aquélla. De participar en las actividades juveniles de la iglesia pasó, hace pocos años, a trabajar en ella asistiendo al párroco.

Leonardo nos habló de la evolución de la iglesia en los últimos años, de la conmoción que produjo la entronización del cuadro y de las aspiraciones futuras de la parroquia.

–¿Qué nos puede contar de la actividad de la parroquia en los últimos años, antes y después de la entronización del cuadro?

–Siempre tuvo una actividad normal, como la de cualquier otra iglesia de barrio. Imagine que vengo aquí desde que tenía cuatro años; desde entonces la cantidad de gente fue siempre la regular. Eso hasta el año 1994 o 1995, cuando las cosas empezaron a decaer. Empezó a venir menos gente, y la participación también era escasa.

–Y en 1996 llegó el padre Arroyo...

–Claro, pero el proyecto de entronizar el cuadro de la Virgen surgió de la inquietud de tres fieles; el padre aceptó, pensando que contribuiría a traer gente a la iglesia, si bien no en estas proporciones. Se la colocó como una imagen más de las que ya tenía la parroquia.

Al principio venían los feligreses y oraban frente al cuadro. En 1997 empezó la gran afluencia de gente, que fue incrementándose a lo largo de todo el año, hasta que el 8 de diciembre de ese año recibimos la visita de ocho mil personas, que hacían cola para orar frente al cuadro.

–Al año siguiente el fenómeno se duplicó.

–Se multiplicó, ya que el 8 de diciembre de 1998 visitaron la iglesia más de setenta mil personas; la fama milagrosa de la Virgen se difundió ese año por todo el país, y el 8 de diciembre hubo gente que se vino desde distintas provincias para saludar a la Virgen en su día.

–¿Qué esperan para diciembre del ´99?

–No sé, creo que todo esto es maravilloso y nos pone muy bien que la gente se vaya contenta y tranquila después de rezarle a María. Nosotros creemos que el número de gente que vino en 1998 va a ser superado ampliamente este año. La parroquia tiene los brazos abiertos para recibir a todos los que quieran acercarse, tanto los días 8 como el resto de los días.

–¿Qué otras labores de pastoral social realiza la parroquia?

–La parroquia cuenta con un grupo de niños, que realizan talleres y actividades recreativas. Después hay un grupo de jóvenes, que se reúnen una vez por semana para alimentar su fe y también realizan actividades caritativas de distinto tipo, como visitar hogares de ancianos y hospitales. Luego están el grupo de misioneros y el grupo de misioneros de la Virgen, que llevan la imagen a las casas de todos los que la solicitan.

El tema de las advocaciones

–¿Qué piensa del tema de las distintas advocaciones de la Virgen? A veces la gente se dirige a una u otra como si fueran distintas.

–No me parece que sea así; la Virgen es una y la gente lo sabe. Ella es la Madre de Cristo, la misma que se encuentra en Fátima, en Lourdes y en esta parroquia. Lo que decimos aquí es que la Virgen es mujer, y como a toda buena mujer le gusta cambiar de vestido, eso es todo.

–Monseñor Bergoglio, arzobispo de Buenos Aires, está de acuerdo con esta advocación, ¿no es así?

–Sí, él estuvo de acuerdo desde el comienzo,

y le dio el visto bueno al padre Arroyo. Siempre se interesa por la respuesta de la gente, y pregunta cómo van las cosas.

—Cambiando de tema, ¿qué opina acerca del pecado, en los umbrales del siglo XXI?

—Uno no puede adoptar parte de una doctrina y descartar otra parte. El creyente debe serlo por completo, aunque es muy difícil mantener ciertas posiciones en un mundo que cambió tanto.

CAPÍTULO II

Testimonios

Los testimonios de los feligreses son una auténtica prueba de la milagrosa intercesión de María, de su poder sanador y consolador del espíritu humano. Ellos revelan la realidad de una fe cada día más fuerte y poderosa, y arrastran a los incrédulos a ver en María la sagrada bendición que necesitan en sus vidas.

Durante los días 8 de varios meses estuvimos en la parroquia San José del Talar para recoger algunos testimonios, que son apenas una pequeña muestra de todos los milagros que María opera en cada uno de sus hijos. No fue una tarea fácil, pues son pocas las personas dispuestas a conversar sobre sus problemas privados. Esta selección está mayormente compuesta por los relatos anónimos de quienes sí se abocaron a contar sus experiencias, sin importar lo dolorosas o privadas que fueren.

Iris es servidora de la parroquia de San José del Talar desde hace unos meses. Sus problemas personales la llevaron a recurrir a los favores de la Virgen Desatanudos, y a dejar su teléfono en la parroquia por si la necesitaban. No bien la llamaron, se presentó, y desde ese día hace lo imposible para juntar, los 8 de cada mes, peso por peso el valor del pasaje hasta el barrio de Agronomía.

–Yo estuve sin trabajo tanto tiempo, con mi marido estuvimos años sin nada de trabajo. Ahora trabajo solamente los fines de semana y con eso cubro todos los gastos. Pero la verdad es que no me alcanza... sin embargo uno cree en Dios y se siente respaldada.

–¿Cómo se le ocurrió hacerse servidora?

–Yo solía ir a San Cayetano. En un tiempo la desesperación era tan grande que pensé en pedirle al sacerdote que me ayudara con la comida. No bien consiguiéramos trabajo, le devolveríamos lo prestado. Después oí hablar de la Virgen Desatanudos y vine a ver de qué se trataba. Al mes, nos bajaron la renta de la casa y yo conseguí un pequeño trabajo, que al menos me permitía no tener que pedir prestado. Y sabe usted que después, no es que me salió mucho más trabajo, pero desde ese entonces tengo lo indispensable. Aunque la plata me alcanza justo, ya no vivo desesperada. Entonces me hice servidora de la Virgen, en agradecimiento. Además, lo tengo a San Cayetano en casa, y todos los meses le pongo una monedita del sueldo. Y le digo que cuando no tenga plata para el ómnibus o la comida, le voy a pedir prestado, pero que me ayude a no pedirle prestado. Por cuatro meses le tuve que sacar, porque no me alcanzaba, pero

28

desde que vengo a ver a la Virgen, hace cinco meses, no le tuve que sacar más.

Así que no bien me llamaron de la parroquia, me vine de servidora; aunque viva tan lejos, estoy encantada de poder hacer algo por la Virgencita, por todo lo que me ayuda. Al principio con mi marido nos faltaba para el pasaje, pero después, de una manera u otra, pudimos juntar y volvimos a venir, y así hasta ahora.

El otro día mi marido dijo "no, no voy a ir más, es lo mismo que rece acá o que rece allá", pero cuando llega el día y ve que yo ya quiero salir, él viene conmigo. Nosotros sabemos que siempre vamos a trabajar y a vivir de eso, y que lo único que tenemos seguro es nuestra fe, por eso seguimos adelante.

Iris, de Lomas de Zamora

–Nunca había escuchado nombrar a la Virgen Desatanudos, así que no sabía nada. Una vez me dieron una estampita de Ella con un rosario y unas velas, y aunque no la conocía me la llevé, nomás. Yo no sentía que era algo religioso, y cuando llegué a casa las velitas se habían roto y deshecho todas, y me dije, ¿qué hago con esto? Mejor lo tiro. Pero la estampita estaba con el rosario, y solamente por eso no la tiré. Recién un mes después me enteré de qué se trataba y le dije al cura de la Iglesia de Guadalupe: "Padre, casi tiro la estampita a la basura, creí que era falsa". Y él me dijo: "No se preocupe, hay tantas cosas que no son verdaderas, que bien puede pasarle". Cuando vine a esta parroquia quedé maravillada con el cuadro de la Virgen, y le pedí muchas cosas, muchas, sobre todo que me siguiera dando fe. ¡Es increíble, una a una las cosas se me van cumpliendo! Pero le digo una cosa, aunque no se me hubieran cumplido, seguiría viniendo, porque yo sé que Ella siempre me va a ayudar, que no estoy sola.

María Elena, de Quilmes

Vengo para pedirle a la Virgen algo muy especial, casi milagroso.

–¿Puedo preguntarle qué va a pedirle?

–No. Bueno, es difícil... pero me gustaría tener un hijo, poder quedar embarazada. Yo ya tengo 43 años, y si hasta ahora no pude... pero quién le dice, a lo mejor Ella puede hacer algo. Tengo muchos hijos, dentro y fuera de mi familia, a los que ayudo y les doy todo lo que puedo. Hay tantos chiquitos que hoy no tienen ni el más mínimo afecto, a ellos les doy todo. Y me conformaría con eso, porque tener uno yo, ya creo que sería mucho pedir...

–Todavía está a tiempo...

–¿Le parece? Que Dios la escuche; por mi parte no exijo nada, Él es sabio y, si tiene que ser, será.

Claudia, de Capital

–Vine hace unos ocho meses con mi mamá.

–¿Por qué vino?

–Vine porque tenía que hacerlo, no me preguntes por qué. Yo no la conocía y quería ver de qué se trataba.

–¿Y qué le pasó cuando la vio?

–De todo, no podía parar de llorar. Creo que nunca había llorado tanto. Y después empecé a venir todos los 8, con lluvia, sol o granizo, estoy acá.

–¿Qué diferencia sientes entre la que eras hace ocho meses y la que eres ahora?

–Mira, yo no era practicante; la Virgen de acá tiene algo que me hace venir y volver todos los meses, no me pregunte qué. Me siento mucho mejor y mejoraron un montón de cosas en mi familia. Cómo decirte, cosas que antes parecían no tener solución, eran como un callejón sin salida. Ahora venimos con mi mamá todos los meses a agradecer, solamente ella y yo sabemos cuánto le debemos.

María Alejandra, de Wilde

Vengo a agradecer por mi nuera, que ahora está en Villa Gesell. Está embarazada y tenía muchos problemas, los médicos no la dejaban mover de la cama.

Una noche estaba mirando televisión y me llama: "Venga, Carmen, corra, venga a ver". Yo estaba en la cocina limpiando y fui corriendo. Por la tele estaban pasando a la Virgen Desatanudos, el padre estaba dando la misa. Entonces yo le dije a ella: "Elevemos nuestras manos, repitamos lo que el padre dice que repitamos". Ella se sentó y levantó las manos conmigo y repetimos todos los rezos. Tres días después estaba levantada, sin dolores ni vómitos ni nada. Así que ella me dice: "Pida, Carmen, pida por mí, que se me cumplió lo que pedí". El otro día vimos la ecografía y es un varón hermoso, grande como mi mano. Estoy tan feliz por ella, que vendría todos los días.

Camen, de San Fernando

–Vengo a pedirle trabajo. Hace seis meses que estoy buscando. Ésta es la primera vez que vengo y tengo fe en que me va a escuchar.

Jorge Dinuncio, de Paternal

–Hace cuatro meses que vengo. Vine a pedir por la salud de mi hija. Ella es médica y tuvo un contagio hospitalario bastante delicado. Aparentemente es una infección tuberculosa; trabaja en el hospital Pirovano y atiende a ancianos; allí hay una gran cantidad de tuberculosos y sidosos, así que es un trabajo de alto riesgo. Mi hija tiene chicos pequeños y al principio estaba muy mal de salud, estábamos desesperados. Ahora está mejorando, aunque la medicación que le dan le hace muy mal, el tratamiento ya le ha provocado dos hepatitis, por ejemplo. La enfermedad es curable, pero a largo plazo y con mucha dificultad.

–Entonces usted vino a pedir por su hija...

–Sí, pero en realidad la historia es más larga. Yo vine la primera vez cuando mi nietito, que era recién nacido, tuvo riesgo de muerte. Nació con una insuficiencia renal que no le detectaron al nacer. Estaba saludable, tenía buen peso. Pero al tiempo, como no le habían detectado la enfermedad, fue haciendo todo un problema metabólico que hizo crisis a los veintitrés días. Y se moría. Es una enfermedad rarísima y los médicos tardaron tres días en poder dar un diagnóstico certero. A mí la fe religiosa me ayuda muchísimo, y en ese momento le rogué a la Virgen con toda mi alma para que el nene saliese adelante. Y salió, aunque las esperanzas eran pocas, salió, después de siete días en terapia intensiva.

–¿Lo de su hija fue posterior?

–Sí, a los pocos meses ella tuvo este problema. Y con el tiempo, viniendo acá, pude desprenderme de la angustia, de la gran preocupación... Yo no solía ser muy devota antes, pero tengo una particular predilección por esta Virgen.

–¿Qué es lo que la atrae?

–No sé, creo que la fe es una cosa que se tiene o no. Y Ella me la inspira, y le estoy agradecida, de por vida.

Susana, de Belgrano

–Hace rato que vengo, desde el año pasado. Tuve un problema intestinal, con hemorragias cada tanto, y le pedí con mucha fe que me curara. Y me curó, a los veinte días estaba sanada. Para mí es tan milagrosa esta Virgencita, que no tengo palabras para agradecerle.

–¿Y por qué vino a ver a la Virgen Desatanudos?

–Yo no iba mucho a la iglesia, pero un día mi hermano me vio tan mal que me dijo: "hay una Virgen que conozco que es milagrosa, te voy a llevar a verla". Y desde entonces cada quince días vengo. No estoy tranquila si no vengo.

Haydée, de Lomas de Zamora

–Es la segunda vez que vengo, y tengo muchos motivos, por los hijos, por el trabajo, por la salud. Soy sola, tengo cuatro chicos y una fe inmensa. Creo que hay que ser constante, muy constante. Ahora siento que las cosas van mejor que antes, yo misma me siento más tranquila, más apoyada. Vine para

pedirle fundamentalmente por mi hijo mayor, que me
tenía muy preocupada. Tenía que encarrilarse, dejar
de tener ciertas compañías...

–¿Se drogaba?

–No sé, creo que sí. Pero ahora está muy
compañero conmigo, me ayuda con las cosas de la casa, me acompaña...

–¿Y él no vino?

–No, es que es hombre... Él dice que sí cree,
pero tanto como venir... Me contento con que respe-
te las decisiones que tomo; por ejemplo, me quiero ir
hasta tal lado y quizá no tengo plata, entonces él me
dice: "no, mamá, tomá". Ya no me siento tan sola. A
la Virgen siempre le pido trabajo para él, que tenga
buenos amigos, que lo quieran bien. Gracias a Ella todo se está encaminando.

Mabel, de Tortuguitas

–Yo vengo por ella (señala a la esposa), ella
me trajo.

–A mí me hablaron de Ella y bueno, por una
cuestión de fe, estoy aquí. Es una necesidad espiritual.
No venimos a pedir por nosotros, porque gracias a
Dios tenemos todo; quiero pedir para las personas
que me rodean, porque los veo bastante mal. Tenemos tres hijos y una nietita; hoy no están acá por el
calor, si no vienen todos. Lo que queremos es que
mucha gente que conocemos no sufra tanto, porque
uno no puede ser completamente feliz cuando los demás no lo son.

Manuel y Liliana, de Floresta

—Mi hermano hacía casi un año que estaba con yeso, se había quebrado la pierna y no se curaba. Cuando lo operaron vine a pedirle a la Virgen que se repusieran y que no lo despidieran del trabajo, porque estuvo un año sin ir a trabajar. Y la Virgen me concedió todo. En cuarenta y cinco días estaba curado de la pierna, y apenas le dieron el alta volvió al trabajo y lo estaban esperando. Ahora vengo a pedirle trabajo para mí, me despidieron de la clínica Finocchietto y no puedo conseguir otra cosa. Estoy segura de que me va a ayudar, Ella nunca te abandona.

Cristina, de Belgrano

—Hace cuatro meses que vengo todos los 8. Desde el principio me provocó una fe que ninguna otra manifestación me provoca. La Virgen me dio muchas cosas, cosas que me costaron años lograr se me están dando. Ahora trabajo por mi cuenta haciendo carteras, algo que nunca había conseguido. Además, mis chicos tenían problemas en el colegio, les costaba mucho aprender, y mejoraron muchísimo, hasta las maestras están asombradas. Son cosas que están a la vista, nadie lo puede negar. Para mí es inexplicable, pero no me hace falta entender. Voy a seguir viniendo todos los días 8 del año, aunque me quede muy lejos. ¿Qué menos, no?

Silvia, de San Antonio de Padua

—En enero vine por primera vez por temas familiares. Mi hijo tenía hemorragias nasales, por problemas en la sangre, se le formaban plaquetas en la médula. Y entonces empezamos a venir con mi mujer,

35

todos los 8, a veces directamente desde el hospital Garrahan, donde lo están tratando. Y el último análisis le dio que tiene ciento veinte mil plaquetas, casi normal, porque lo mínimo son ciento veinticinco mil.

Los médicos se quedaron asombrados, ellos querían hacerle un trasplante de médula y ahora se encuentran con que ya no hace falta. Esta mañana fue al colegio, como todos los chicos. Nosotros nos venimos en un ómnibus alquilado desde Villa Elisa; ahora a las seis tengo que estar en el trabajo, pero me parece que no llego. No importa, vale la pena estar acá.

Pedro Figueroa, de Villa Elisa

–Nosotras hicimos una promesa y acá estamos.
–¿Relacionada con qué, si se puede decir?
–Con la familia, y ella con el amor.
–¿Y cómo les fue?
–Bien, muy bien.
–¿Y a usted, en el amor, también?
–Sí, totalmente, no lo puedo creer.
–Se rindió...
–Antes de lo que pensaba, la Virgen lo puede todo.

Glenda y María Ángeles, de Villa del Parque

–Vimos a la Virgen por televisión y uno anda con tanta mala suerte que dijimos bueno, vamos. Estoy sin trabajo y a lo mejor la fe ayuda. Yo trabajaba en seguridad.

–Yo soy vidrierista y el trabajo bajó muchísimo. Muchos clientes cerraron, otros no pueden ni pagar la renta del local, entonces es una cadena, es una rueda donde uno está peor que el otro. Vamos a ver si con la ayuda de la Virgen logramos algo. Uno tiene fuerza y voluntad, pero necesita algo que empuje un poquito más. Cuando veo tanta gente me digo: por algo debe ser. Esto renueva la fe y las ganas de seguir adelante.

Esteban y Ricardo, de Moreno

–Escuché un comentario y vine; estoy esperando un milagro para mi familia, porque me separé hace tres meses. Mi oficio es mecánico de autos, un día hay trabajo y otro día no, eso trae problemas en la familia, depresión. Yo pido que las cosas económicas se me solucionen, y ver si de ahí en más se recompone la familia. Después de ocho años de casados, ella me dio un tiempo para que recapacitara, pero no es un problema de mala voluntad, no entiende que yo hago todo lo que puedo. Con la Virgen siento que hay alguien que está de mi lado, que me entiende. A pesar de todos los contratiempos que uno tiene, Ella te da la posibilidad de seguir luchando.

–¿Tiene hijos?

–Sí, tres. El más grande de siete años, después una nena de cuatro y la más chiquita dos años.

–¿Los extraña?

–Sí, mucho. Como yo le digo a mi esposa siempre, ellos son lo más importante. Para mí ella está mal influenciada por los padres; en vez de apoyarla y decirle que las cosas pueden cambiar y andar bien, la alejan de mí. Me imagino yo, porque un día las cosas están bien y al otro día se desarma todo. Así que vengo acá porque me han dicho que la Virgen es milagrosa por completo, pero yo no espero un mila-

37

gro, me basta con que las cosas mejoren un poquito, que me den el pie para mejorar. Ya vine una vez, y ahora vengo de vuelta para hacer un poquito más de fuerza, por las dudas de que se haya olvidado. A lo mejor, entre tanta gente, no me escuchó, ¿no?

Ricardo, de Mataderos

–De casualidad encontré en la entrada de mi departamento una estampita; una mañana me levanté y la encontré, pero yo no sabía dónde quedaba esa Virgen. Así que averigüé y empecé a venir, una y otra vez. En muy poquito tiempo se me han desatado muchas cosas y ahora estoy cumpliendo una promesa, una novena.

–¿Qué fue lo que cambió en tu vida?

–Todo lo que he pedido en cuanto a la familia y al trabajo. Yo tenía trabajo en cosas en las que no podía avanzar, y en poquito tiempo me han llamado un montón de clientes, me encontré con gente que no veía desde hacía mucho tiempo y un montón de cosas más que me ayudaron.

–¿Y respecto de la familia?

–También. Con mi mamá teníamos pendiente un trámite de un terreno en Lomas, que hacía años que no podíamos terminar. La semana pasada me llamaron de la escribanía, para decirme que la escritura ya estaba lista. Son cosas que, si no me hubiesen pasado a mí, no las creería, diría que son mentiras.

–¿Cuánto hacía que estaba pendiente lo del terreno?

–Veinte años, ni más ni menos, desde que murió mi papá. Y al mes siguiente de venir se resolvió. Por todo eso prometí volver y acá estoy. En el grupo en que vengo, cada uno tiene una experiencia distinta, positiva. Hable con ellos, se va a sorprender.

Carmen, de Monte Grande

—Una noche Carmen vino con el marido a cenar a casa, y me comentó que había recibido a la Virgen Desatanudos en la entrada de su hogar. En ese momento yo estaba pensando en venir pero no sabía dónde quedaba, ya había visto la estampita y me había impactado mucho. Cuando Carmen me cuenta esto, le digo: "¿y qué te parece si vamos?". Invitamos a muchos amigos y vinimos todos. Cuando me paré frente al cuadro supe que Ella iba a hacer un milagro, lo pude sentir. Le pedí trabajo y salud, que es lo que pedí toda mi vida, y hasta ahora no me puedo quejar, porque tengo una familia hermosa; todos, mi marido y mis tres hijos, están muy bien.

Isabel Chacón, de Monte Grande,
amiga de Carmen

Es la octava vez que vengo. A mí me ayudó muchísimo y todos los 8 estoy acá. Tenía problemas de trabajo y de familia, la salud de mi esposo estaba muy mal. Pero todo se solucionó y aquí estoy, firme como un poste.

Martha Marisa Coronel, de Pacheco

(Roberto) —Yo tuve un problema personal, por eso empecé a venir. Ella es una compañera de trabajo; cuando le comenté que estaba viniendo, dijo que me acompañaba. Como venimos de paso desde el trabajo para casa, estos días siempre venimos.

–¿Dónde trabajan?

(R) –En Aguas Argentinas (compañía productora de agua corriente), en Palermo, y vivimos en la zona de San Martín.

–¿Qué tipo de problema tenía?

(R) –Personal, sentimental, digamos.

–¿Y la Virgen le respondió bien?

(R) –De diez, como dicen los chicos. Me sentí muy realizado, y a raíz de eso sentí una especie de compromiso, y me dije que durante un año vendría sin falta todos los 8. Lo hice en otra época también, cuando compré el taxi en el año ´78. Pero iba a la iglesia de San Cayetano. El automóvil me lo habían entregado el 7 de agosto, y fuimos con mi esposa a San Cayetano a agradecer; durante un año fui todos los meses. Sabíamos que estas cosas no son fáciles, pero hay que luchar, porque al final siempre se encuentra la salida.

–¿Y usted, señora, qué problema tenía?

(María Inés) –La salud de mi suegro; sufría de una demencia senil, la enfermedad de Alzheimer. Ahora por suerte está muchísimo mejor.

–Pero esa enfermedad es progresiva e incurable...

(MI) –Así es. Antes mi suegro no reconocía a nadie, no podía comer solo y se había olvidado de todas las palabras. Parecía un vegetal. Ahora camina, conversa y hasta habla de fútbol.

–Es realmente increíble...

(MI) –Totalmente. Los médicos nos habían dicho que lo único que se podía esperar era que el corazón dejara de latirle. Y se había enfermado ya de grande, a los 73 años. Antes trabajaba, aunque estaba jubilado, pero todo empezó cuando dejó de trabajar. Parece que eso es algo común en la gente.

–¿En cuánto tiempo se curó?

(MI) –Y nosotros empezamos a venir...

(R) –El año pasado, en junio o julio, más o menos.

(MI) –Sí, y al mes, más o menos, empezó a hablar y a recuperarse. Era como estuviera desconectado y de pronto volvieran a conectarlo, volvió a la vida. Hoy conoce todo, habla de su primera maestra, de sus compañeros de colegio, todo. Es realmente milagroso. Por eso sigo viniendo los días 8, aunque las primeras veces que vinimos no había casi nadie, salíamos y entrábamos como si nada.

(R) –Tienes razón, esto creció en el término de cinco o seis meses. El 8 pasado fue un lunes, yo empezaba las vacaciones, entonces dije: "bueno, un lunes de febrero, si voy a eso de las 8 de la mañana, seguro no hay nadie". Cuando llegué, la fila terminaba a cuatro cuadras de la iglesia. No lo podía creer.

(MI) –Es increíble, porque ésta es una parroquia chica, donde está la Virgen como en todos lados...

(R) –A mí me llama la atención el cuadro, es como un imán... y siempre dicen que tienes que tener fe en algo. Para nosotros la Virgen Desatanudos es especial, nos llega hondo, y quizá por eso nos pasó todo lo que nos pasó.

Roberto y María Inés, de San Martín

—La primera vez vine porque pensé que la Virgen podía ayudarnos con todos los problemas que uno tiene, monetarios sobre todo.

—¿Y cómo marchan las cosas?

—Y, gracias a Dios, las cosas parecen estar mejorando; mis hijas están trabajando, a partir de que vine les hicieron un contrato efectivo a las dos, y mi marido está bien en su empleo. Así que todo lo que quiero es agradecer, agradecer y agradecer.

Elsa, de Lanús

Tenía muchas trabas para concretar las cosas; esperaba un crédito que no salía nunca y el 8 de diciembre pasado me decidí a venir, porque para cada cosa que quería se me presentaban muchos obstáculos. Ahora, gracias a la Virgen, conseguí el crédito y me compré la casa. Es lo único que le pedí, y se me cumplió. Hay que ir de a poquito; antes de pedirle más cosas, primero tengo que cumplirle yo.

Cristina, de Villa Devoto

(Esther) —Es la primera vez que venimos, no podemos decir mucho.

—¿Y cómo se decidieron?

(E) —Está bien, le vamos a contar lo que pasó. Nos salió todo mal, estábamos citadas en un ómnibus a las dos y media y el ómnibus se fue a las dos.

—Qué mala suerte...

—Pero nos pusimos las tres en que teníamos que venir, sí o sí. Así que viajamos como pudimos y llegamos. La fe no sabe de obstáculos, pregúnteles a ellas si no.

—¿De dónde son?

(Clelia) –Yo, de Temperley

(Silvia) –Yo, de Llavallol.

–¿Usted, Silvia, tiene algún pedido en especial para hacerle a la Virgen?

–Sí, una intención particular.

–¿De amor...?

–Eso estaría en un tercer plano (risas).

–Parece que lo tienes bien dominado.

–No, no tengo novio. Pero hay otras prioridades: la salud de mi mamá, por ejemplo, que tiene cataratas. También mi salud y la parte económica, que está bastante mal. Trabajo en una empresa que es un desastre, te pagan cuando quieren y lo que quieren.

(Clelia) –Además, yo voy a pedir por la conversión de toda la gente, porque está todo muy podrido. Todo el mundo piensa en sí mismo y no le importa nada de los demás. Hace falta mucha oración para que las cosas cambien.

Esther y Clelia, de Temperley,
y Silvia, de Lavallol

–¿Sabe cuándo vine por primera vez? Hace casi dos años.

–Es una pionera...

–A mí me habían dado una oración de la Virgen sin la imagen, y después vi la imagen de la Desatanudos y bueno, vine a verla, cuando todavía no la conocía nadie. Después vine el año pasado, en julio, y había veinte personas haciendo cola. En los meses siguientes la cantidad de gente creció de una manera increíble, parece mentira que en tan poco tiempo se haya difundido así.

–¿Y por qué vino la primera vez?

–Porque me gustó mucho la oración cuando me la dieron, estaba escrita a máquina, y era muy linda. Además, había ido a Jesús Misericordioso, que está muy cerca de acá. Me enteré de que existía la Virgen Desatanudos y quise conocerla.

–¿Qué cambió en su persona el haberla conocido?

–La Virgen María es una, en todas las advocaciones, eso lo tengo bien claro, pero yo vine hace dos años por algo muy especial, un pedido por mi hija, que se me concedió. Por eso, siempre que puedo vengo a agradecer, tanto acá como en Jesús Misericordioso o en los santuarios de la Virgen a los que fui, como el de María Rosa Mística. El mes pasado no pude venir, tenía a la niña enferma, y me quedé con esa angustia de haber faltado. Así que este mes las nenas me quisieron acompañar y vinimos todas.

–¿Qué problema tenía su hija?

–Un problema en la piel que no tenía cura, o sea que podía estabilizarse o avanzar, que era lo más probable. María me escuchó, y desde ese momento la enfermedad se detuvo por completo. Aparte de eso, hubo un cambio general en toda mi vida, en mi modo de ser, de actuar, incluso hasta en el trato con los niños. Desde hace dos años y medio estoy muy cerca de María; fue como haberla descubierto, ahora puedo decir que soy mariana. Siempre reparto estampitas de Ella, y después la gente viene al santuario a agradecer; son muchos los que la descubren. Hace dos años y medio se podía prender incluso velitas en la iglesia; ahora está prohibido, es tanta la gente, por suerte.

Elisa, de Avellaneda

44

–¿Cómo me enteré? Por Gustavo.

–Y tú, Gustavo, ¿cómo supiste de la Virgen?

–Porque todo el mundo la conoce. Nosotros somos devotos de San Jorge, pero ella no tiene trabajo y vinimos a pedirle a la Virgen que la ayude.

–¿Qué clase de empleo estás buscando?

–El que sea, todo me viene bien. También venimos a pedirle por el fútbol.

–¿De qué equipo son?

–De River Plate.

–Parece que sí necesitan ayuda... (risas)

–Sí, va a ver en un tiempito cómo repuntamos.

Gustavo y Alejandra, de Adrogué

–La conocí a través de una amiga, después pasó mucho tiempo sin que me acordara de Ella, hasta que me encontré tan necesitada que vine a pedirle ayuda.

Gracias a la Virgen terminé mi casa y estoy viviendo en ella. Me siento mucho mejor, en lo personal y en mi relación con los demás, y vengo a agradecerle.

Sandra, de Floresta

–A mí también me invitó una amiga, ésta es la tercera vez que vengo. Vine a pedir salud y trabajo para mi familia, y ahora están bastante mejor todos. Hace un mes perdí a una amiga de toda la vida, y también la Virgen me dio una fuerza que no pensé que era capaz de tener.

–Y de salud, ¿cómo anda?

–Tengo un problema de salud en los ojos, es

una enfermedad nueva. Yo soy enfermera, trabajo, estudio, hago un montón de cosas. Ya se va a descubrir algo que me lo va a corregir.

—¿Qué síntomas tiene?

—Pérdida del color. A veces veo los colores y a veces no. Si la enfermedad progresa, puede que sólo termine viendo en blanco y negro. Pero como no se sabe nada, no hago ningún tratamiento. El único tratamiento seguro es la fe en María, que lo puede todo, y hasta ahora el problema está estacionado, desde hace unos meses dejó de avanzar. Yo confío en Ella, el tiempo dirá.

María, de Castelar

—Soy catequista, de City Bell, La Plata. Bajo todas las expresiones que son dignas de admirar, es maravilloso ver el movimiento que produce esta Virgen. Yo vengo a dar gracias porque, después de cuarenta y tres años de matrimonio, mi marido falleció, pero mi familia sigue unida.

—¿Cómo superó la pérdida?

—Me escondo bajo el manto de María. Soy ex alumna de María Auxiliadora, y siempre nos decían las monjas que el manto de María era nuestra protección. Tuve dos milagros en mi catequesis: a una nena que había nacido con un año contra natura, le dieron tres meses de vida después de operarla. Me acuerdo que era un 8 de diciembre y yo acompañé a la niña, que tomaba la Primera Comunión, y le dije que le pidiera a la Virgen, porque en ese día tan maravilloso Ella iba a escucharla. Actualmente, la chica vive y está muy bien. Después tuve a otro señor con cáncer de garganta, que estaba muy mal. Si fuera por el diagnóstico de los médicos, estaría muerto hace años, pero sigue viviendo, e incluso adoptó con su esposa un varón. Así que María es sublime; si te escondes bajo su manto, cualquiera sea la advocación, Ella nunca te va a desoír.

Ana Paulín de Ballone,
de City Bell, La Plata

(Isabel) —Se me ocurrió venir por la fama, por todo lo que hablaban de la Virgen, lo milagrosa que es; hace tiempo ya que vengo. También visito mucho San Nicolás. Vinimos en un grupo, ellas hacía rato que querían venir y las traje a todas. Gladys es la primera vez que viene.
—¿Por qué quería venir, Gladys?
—Porque a mi esposo se le apareció la Virgen en el dormitorio y después falleció. Me acuerdo que me dijo: "Se me apareció la Virgen, la Virgen esa que está en el comedor". Yo tenía una estampa, pero me hice la desentendida y le llevaba otras. "No, esa no", me decía, "la que está en la estampa". "Bueno, después te la traigo", le dije, pero no me dio tiempo porque enseguida falleció. Entonces ella esta mañana en el trabajo me dijo que venía a ver a la Virgen Desatanudos, y sin avisar a mi casa, porque no había tiempo, vine con ellas. Quiero saber por qué se le apareció a él antes de morir, si se trató de un mensaje y qué significa.

Isabel y Gladys, de Quilmes

—Mi hijo tuvo un accidente cerca de mi casa, el caso se había cerrado, pero ahora se volvió a abrir, y quiero pedir por él, para que no le pase nada malo.

–¿Qué fue lo que pasó?

–Tuvo un accidente con la moto, iba con un amigo y el amigo murió. Ahora le llegó una citación del juzgado, pero no sabemos qué quiere la familia de este chico. Mi hijo no tuvo la culpa: podría haber muerto él también, pero el destino quiso que las cosas fueran así. Yo le tengo mucha fe a esta Virgen, espero que me escuche.

Cristina, de la Boca

–Tenía líos a granel, problemas monetarios, deudas, mi casa hipotecada. Y ahora que salí de ese pozo vengo a agradecerle a la Virgen. Yo nunca había venido, pero mi hermana pidió mucho por mí; ella viene siempre. Así que ahora es mi turno de agradecer. Tarde, pero segura.

Susana, de Constitución

–A mí la Virgen me arrastra, si no vengo no estoy tranquilo. No sé explicarlo, sé que tengo que ir y listo.

Jorge, de Almagro

–Desde que descubrí a María, creo más en Dios. Le pido ayuda espiritual para luchar contra la depresión, que parece ser el mal de hoy. Desde que vengo acá recuperé la fe y las ganas de vivir.

Roberto, de Burzaco

–Vengo porque cuando me operé, lo primero que escuché fue que alguien le decía a la paciente de al lado: "Lo primero que tengo que hacer es ir a la Virgencita Desatanudos". Entonces, se me puso en la cabeza que tenía que venir a agradecerle, porque estuve mucho tiempo en coma, y pienso que algo hubo para que yo saliera.

–¿De qué la operaron?

–De una eventración. La hernia se me obstruyó y se le hicieron perforaciones. Yo estaba fatal. Primero me hicieron un tratamiento y después me operaron.

–¿Sus familiares le pedían a la Virgen?

–No, ellos no la conocían. Eso fue algo muy especial. Salí de la anestesia y en mi nebulosa escuché esa frase. Ahora me vine directamente desde el consultorio del cardiólogo; ya van dos meses que me toca ir el día 8. El primer mes no vine, seguí de largo con el ómnibus, porque no conocía la zona. Y este mes me dije que no podía fallarle: le pedí al conductor que me dijera dónde bajar, pues yo tenía que estar acá sea como fuera.

–¿Qué le dijo el cardiólogo?

–Me dijo que estaba mejor que él, que podía hacer lo que quisiera. Así que puedo quedarme dos, tres, cinco horas, las que sean. Vengo a agradecerle todo lo que hizo por mí y a pedirle trabajo para mi hija. Estoy segura de que la va a ayudar.

Olga, de Villa Ballester

Hace unos meses tenía problemas, ¿cómo le explico? Problemas personales. Estaba enamorada, pero no era correspondida. Así que vine hasta acá para rogarle a la Virgen que me ayudara; esto fue el 8 de noviembre del año pasado. Vine y mientras contemplaba la imagen me empezaron a brotar lágrimas; pero yo estaba tan concentrada en Ella, en el cuadro, que no me daba cuenta. En un momento la angustia casi me sobrepasó y me doblé en dos. Creo que... que todo lo que tenía dentro y no quería largar hizo eclosión. No sé cuánto tiempo estuve frente a la Virgen, ni si lloré por mucho o poco tiempo, pero sentí una comunicación tan intensa, tan profunda, que supe al instante que esa vivencia me cambiaría la vida. Cuando volvía a casa estaba exhausta, me recosté en la cama para descansar un rato pero me quedé dormida; cuando me desperté era la madrugada del día siguiente. Y así pasaron unos días en los que yo no sabía qué pensar, si la persona que creía amar se iba a acercar por fin a mí. Pero pasó otra cosa. Un día nos encontramos en un bar y nos pusimos a charlar. Entonces me di cuenta de lo que había pasado. Mientras hablábamos, sentía que se trataba de una persona muy especial, muy bella, pero también muy problemática. Y que no era para mí. Con todo el dolor del mundo vi la realidad crudamente. Más allá de lo que yo sintiera, mi mente me decía que mi corazón estaba equivocado, y tuve que aceptarlo. No bien me resigné, sentí un gran alivio. Sentí que la vida ya no era una gran injusticia, sino que a veces uno se equivoca y no lo sabe, no se da cuenta. Hoy vine a agradecerle a la Virgen por esa revelación, por la gran sabiduría que me transmitió. Quizá, si no hubiese venido nunca, todavía estaría penando y esperando una respuesta. Ahora tengo el alma libre y la cabeza abierta a lo que el destino me depare. María es muy sabia y su alma es muy bella, y yo voy a agradecerle todos los 8 de cada mes lo que me reveló sobre mí misma.

Myriam, de Ituzaingó

–Éste es el primer 8 que vengo, la vez anterior era un día cualquiera. Vine por mi mamá, que vive en Corrientes y allá le tienen mucha fe a la Virgen Desatanudos. Entonces ella quería que la trajera a toda costa. Hablé con un amigo para que nos trajera en el coche, aunque el auto no estaba en regla y tenía algunos problemas. ¿Y quién nos viene a parar? La Policía Federal. Acá nos quedamos, me dije yo. Entonces cerré los ojos y le dije: "Virgencita, nosotros no estamos paseando, te vine a traer a mi mamá, a verte a vos". ¿Quiere creer que el policía le pidió todo menos lo que le faltaba, que era la última patente, que no estaba paga?

Había una fila como ésta, y de entre todos el policía nos hace señas a nosotros. Pero llegamos. Ese día le hice una promesa personal a la Virgen, que si se me cumplía yo volvería a venir el día 8. Se me cumplió y acá estoy.

–¿Cuál era el pedido, si se puede saber?

–Algo secreto.

–¿Amoroso, quizás?

–Sí, de amor, adivinó.

–Bueno, está enamorada...

–Más o menos (risas). La cuestión era que estuviera a mis pies, y ahora está rendido. Por algo es mujer la Virgen. Yo me decía, con todas las necesidades que hay, ¡cómo le voy a pedir eso! Pero, bueno, en ese momento para mí era importante. El sábado estuve

51

en el hospital Bocalandro con unas cuantas mujeres colaboradoras. Era mi primera vez también, ahí sí que vi lo que era la necesidad. A una señora le dije que le iba a llevar a la Virgencita y a San Pantaleón, el santo de los enfermos, porque hace mucho que está internada.

–Y su mamá, ¿cómo está?

–Muy bien, por suerte. Ella estaba a punto de perder un terreno, y un señor le dijo: "Pídale a la Virgen, que va a ver cómo la va a ayudar".

–¿Y?

–Todavía estamos esperando. Pero la Virgen es muy milagrosa, es tan agradable estar dentro de la iglesia, hay tanta paz... Yo le tengo fe.

Olga González, de Villa Ballester

–Hace cuatro meses que vengo. Le pedí tantas cosas... Mire ahora cómo estoy. Tengo una parálisis facial, la mitad de la cara. Ayer fui de urgencia al hospital Pirovano; no puedo ni respirar del dolor de oído que tengo, la mitad de la cabeza se me parte. Y no era para hoy el turno, recién para mañana; a las seis de la mañana tengo que ir a sacar el número para que me atiendan.

–¿Notó alguna mejoría desde que viene?

–Ninguna. Estoy peor, pero sigo viniendo. ¿Qué va a hacer? Quizás a la larga...

Eulogia, de Colegiales

–La imagen me proyecta mucha tranquilidad, mucha paz. A mí me cambió hasta la forma de orar, con más fervor, más fuerza. Porque todo el mundo pide, pero nadie sabe dar, agradecer, brindarse. Creo que la Virgen es maravillosa y hay que saber valorar su poder. Nada más.

María, de Saavedra

(Elba) –Yo la conocí por una estampita en Luján; pedí la dirección, vine y me gustó. Pedí y agradecí. Primero agradezco y después pido. Mi principal preocupación era mi hijo, que no estaba conforme con el trabajo. Pero ahora, créase o no, consiguió estar mucho mejor, se siente más cómodo. Ahora vengo a agradecer con Norma, que también tiene lo suyo.

(Norma) –Cuando vine, le pedí a la Virgen quedar efectiva en la portería del colegio y lo logré, me efectivizaron. Incluso, el viernes pasado una compañera no conseguía ninguna suplencia, y yo le di una estampita y le dije: "Rézale, vas a tener suerte". Hubo un sorteo y la eligieron a ella. Hoy me dijo: "Gracias por darme la estampa". Fue la suerte también, pero sobre todo el venir con fe.

Elba y Norma, de Martín Coronado

–Vengo porque es la madre de Dios. Sé que hay distintas advocaciones, está la Virgen de Luján, la Virgen de Fátima, la de Medjugorje, la de San Nicolás... Pero yo le tengo mucha fe a la Virgen María, que es una sola, y la de aquí es la que desata los nudos de los problemas. A mí no hace falta que me haga un milagro, me basta con que me dé fuerzas para hacer lo que tengo que hacer. A mis hijos, siempre les digo que estudien, que yo me encargo de rezarle a la Virgen por ellos. Pero si ellos no estudian, les va a ir mal igual. La fe sirve para que ese ser superior que es Dios nos dé fuerzas y nos oriente, pero lo demás corre por cuenta de la gente. En este sentido, no creo en los milagros.

Esther, de Santos Lugares

Para mí es muy milagrosa; lo que yo le pedí me lo concedió, por eso vengo todos los 8.

–¿Qué te concedió?

–Reconciliarme con mi novio. Hacía tres meses que estábamos peleados y me deprimí mucho, estuve muy mal. Por suerte ahora volvimos a estar juntos y es como si hubiera vuelto a encontrarle sentido a la vida.

Mirtha, de Flores

–Yo le pido salud; a mi edad, 62 años, ¿qué más le voy a pedir? Con todas las operaciones que me hicieron... creo que si ella no hubiese estado a mi lado, no las habría podido soportar.

Herminda, de Valentín Alsina

–Es la primera vez que vengo. Vengo más que nada por la publicidad y por una cuestión de devoción, a pedir por los míos. Sobre todo por salud y trabajo.

–¿Qué problemas de trabajo tiene su familia?

–Muchos. Somos dos hermanos, yo trabajo en seguridad y estoy desocupado actualmente; mi hermano perdió el empleo hace poco, mi padre es jubilado y tampoco consigue trabajo. Así que es antes que nada una cuestión de fe, y hacía rato que tenía ganas de conocer a la Virgen. Hoy tenía que hacer un trámite en Buenos Aires y me dije, bueno, es hora de que vaya a verla. Y aquí estoy.

Marcelo, de Villa Bosch

—Soy entrerriana; vengo a ver a la Virgen por segunda vez, porque le he pedido muchas cosas y me las ha concedido. Tuve un problema muy grave de salud unas semanas atrás, y salí gracias a mi fe. La conozco poco, pero por lo poco que llegué a conocerla me doy cuenta de que es maravillosa.

—¿Qué problema tuvo?

—Un problema de artrosis avanzada, pero lo que más me llevó a venir fue la presión, tengo tendencia a la presión alta y me había subido muchísimo. Le tengo tanto miedo ese tema que vine y me aferré a ella, le pedí tanto que me escuchó. Le rezo todos los días porque la velita de ella tiene nuditos, entonces se le prende la vela y cuando llega al nudito se apaga. Al otro día si uno quiere volver a pedirle, la vuelve a encender y se vuelve a apagar cuando llega al próximo nudito. Así me fue bajando la presión de poco, de tener casi veinte de máxima ahora tengo doce. Creo que el sacrificio de venir hasta aquí, con el sol y el calor, o el frío en invierno, vale la pena, porque Ella siempre te escucha. Lamentablemente, el resto de mi familia no puede venir porque no tenemos dinero, por eso vengo sola, cuando podamos juntar más vamos a venir todos. Yo soy pensionada, no puedo trabajar, y aunque quisiera, no hay trabajo para las personas mayores.

—Quizá puede pedirle a la Virgen que la ayude a obtener un trabajo liviano...

—Seguro, si yo se lo pido me lo cumple. "Muchísimas gracias", eso es lo que tengo para decir, porque Ella es grandiosa.

—Cuando vivía en Entre Ríos, ¿a quién le rezaba?

—A la Virgencita Santa Elena, allá va mucha

gente a verla. Justamente, en la camioneta en la que vine le comentaba a la gente que podría hacerme un viajecito en agosto, porque su día es el 18 de agosto. Yo también le pido a ella algunas cosas, lástima que no pueda viajar más seguido, por falta de plata; siempre el dichoso dinero...

María Elena, de Quilmes

–Yo vengo a darle las gracias.

–¿Por qué, te hizo algún milagro?

–Sí, aprobé una materia que hacía tres años que la venía desaprobando. Yo estudio abogacía, y antes del último examen vine a ver a la Virgen Desatanudos y le dije: "Virgencita, tú sabes que estudié mucho para dar esta materia; por favor haz que el profesor se dé cuenta y me apruebe, ayúdame a que me acuerde de todo y que no me traicionen los nervios, por favor". Estaba desesperada, si volvía a rendir mal estaba decidida a abandonar la carrera. Pero María me escuchó, Ella sabía que yo había puesto mucho esfuerzo y que el profesor era una persona bastante malintencionada. El día del examen contesté con tanta determinación, que aunque me equivoqué en algunas cosas, el profesor me aprobó. No podía hacer otra cosa. Ella estaba de mi lado, aunque él no lo supiera.

Andrea, de Mataderos

–Vengo desde el 8 de febrero. Por ahora pido por la salud y el trabajo. Todo va mejorando, por suerte.

–¿Quizá se sintió influenciada por algunos personajes de la farándula, que son devotos de la Virgen?

–No, para nada. Mi fe es muy particular, nada de eso me influencia en lo que yo siento.

Nora, de San Martín

–Es la primera vez que vengo, me decidí porque leí mucho de Ella en las revistas. Vengo a pedirle por la salud y el trabajo. De salud ando un poquito floja, tengo un problema de tiroides y estoy en tratamiento. Me di cuenta porque empecé a perder el cabello, además de sentirme muy fatigada. La peluquera a la que voy me dijo que si seguía así en unos meses iba a quedar pelada. ¡Imagínate el espanto que sentí! Entonces fui a un dermatólogo, que me dijo que viera a un endocrinólogo. Y me detectaron este problema. Espero que la Virgen me ayude, especialmente con el problema del pelo, porque la sola idea de quedarme pelada me deprime a muerte. Pero la Virgencita no lo va a permitir, seguro que no.

Norma, de Morón

–Quiero que armonice mi matrimonio, porque dicen que esta Virgen es especial para esos problemas.

Leti, de Villa Ballester

–Yo tengo problemas de tipo sexual y vine a pedirle que me ayude a superarlos. Necesito que la Virgen me ayude a superar unas trabas que tengo, que no me permiten sentirme bien y realizada. Mi relación con los hombres tampoco es demasiado buena, me cuesta encontrar a un hombre que no sea machista y me comprenda en todos los aspectos de mi vida, que me haga sentir acompañada y comprendida. A veces pienso que esa persona no existe, que estoy perdiendo el tiempo y sería mejor que pusiera la mente en otras cosas. Tengo relaciones pasajeras, algunas mejores, otras peores, pero sigo sintiendo que la brecha, la distancia entre ellos y yo es tan grande que no podría compartir mi vida con ninguno. Por eso vengo a pedirle a la Virgen que me oriente, que me ayude a sentirme plena y satisfecha, y si es posible, si el hombre de mi vida existe, que me ayude a encontrarlo.

Silvina, de Almagro

–Hace ocho meses que estoy sin trabajo, y bueno, yo me inclino por la fe. Era empleada administrativa, fui despedida y aquí estoy.

–¿Qué clase de trabas enfrenta para encontrar empleo?

–El problema de la edad es terrible, tengo 30 años y ya me es difícil. Ahora pareciera que la experiencia no sirve, más bien molesta. No sé por qué los empleadores prefieren a chicas tan jovencitas, porque al no saber nada de nada, tardan mucho más en hacer un trabajo eficiente. Me parece que es por una cuestión económica, a una chica jovencita le pueden pagar poco, muy poco, total todavía está amparada por la familia. En cambio, alguien como yo, tiene que mantener una familia que está a mi cargo.

–Y los sueldos han bajado mucho...

–Sí, lo que están ofreciendo ahora no tiene comparación con lo que yo ganaba en mi trabajo anterior.

–¿Cuánto tiempo hace que viene a pedir empleo?

–Hace dos meses me enteré de la existencia de esta Virgen, y a pesar del calor terrible que hace hoy, vine. El mes pasado pedí poder venir este 8 con mi esposo, y acá estamos.

Ada, de San Telmo

–Pido poder mantener el trabajo que tengo, como viene la cosa, hasta eso parece un milagro.

Julio, de Lugano

–Hace diez meses que vengo.

–¿Usted lo conoció al padre Rodolfo?

–Sí, pero poco. Yo le pido la bendición y nada más.

–¿Y qué le pide a la Virgen?

–Salud y trabajo. De salud ando bastante bien. Y tengo un pequeño quiosco, que me da para comer y pagar los impuestos. Quizá si la Virgen lo cree justo, puedo agrandar el local y vender productos de librería o limpieza, algo que dé un poco más, para que no tenga que vivir tan estrecha de plata.

María, de Pablo Podestá

–Le agradezco todo. Ya por estar viva hay que agradecer, por despertar cada mañana, ver a mis hijos sanos, en un techo que nos cobija, tener alimentos y sobre todo, tener fe. Claro que siempre hay problemas, algunos familiares enfermos. Mi padre tiene 83 años y mi madre 79, no están muy bien, pero yo agradezco que se despierten cada mañana y estén conmigo. La vida es tan dura, que si no ves la parte buena, no tienes nada. Ver lo poco o mucho que una tiene es lo más importante.

Pierina, de Agronomía

–Vengo por los exámenes de mis hijas, una de ellas tenía una materia que hacía rato no podía dar y ahora la aprobó. Ella no puede venir porque, como tenemos un negocio, nos turnamos. Lo que le pedimos siempre es no decaer, poder siempre seguir adelante. Todos los días rezamos el rosario con mi señora y mis hijas, y la estampita de la Virgen Desatanudos está en mi casa y en mi negocio, acompañándonos siempre.

Carmelo, de Villa Devoto

–El tercer miércoles de cada mes vengo a la misa de esta parroquia. Ese miércoles hay una misa carismática que da otro padre, no el padre Rodolfo. Allí se hace imposición de manos y sanaciones. Me gustan mucho esas misas, me ayudan a tener fe. Y así fue como conocí a la Virgen Desatanudos, por venir a misa. Cuando vi el cuadro me gustó mucho, me transmitió mucha paz, quedé atrapada por la imagen. Desde entonces vengo todos los 8, para rezarle exclusivamente a ella.

Nieves, de Almagro

–Yo vengo todos los 8 desde el mes de agosto.

–¿Y qué le pide a la Virgen?

–Que haga caminar a la nena de un sobrino mío, y gracias a Ella ya se está parando y empieza a mover las piernitas, ya sabe decir "mamá, papá".

–¿Qué edad tiene la nena?

–Un año y medio, y se llama Valentina. Ella tenía ocho meses de atraso en su maduración, había quedado como un bebé. Los médicos están a la expectativa, tratando de descubrir de qué se trata, pero últimamente están contentísimos con la manera en que evolucionó; al principio pensaban que el atraso podía no tener solución. Yo pido sobre todo por ella, porque salga adelante, y la Virgen me está escuchando, de eso no tengo dudas.

Estela, de Flores

—Pido por la paz del mundo, por mis hijos, por mis nietos. Pido por los que no pueden venir, como mi madre, que es demasiado mayor para soportar tanto viaje. Yo soy la que los conecto con Ella, María, nuestra Madre, para que todos encuentren lo que buscan y tengan consuelo.

Jerónima, de Tigre

—Mi marido y yo estamos sin trabajo y hace tres meses que venimos pedirle a María. Mi esposo es electricista y yo trabajo como doméstica. Ahora las cosas están mejorando un poquito, por eso estoy acá.

Juana, de Boedo

—Vengo por la salud de mi nena, que está acá conmigo. Tuvo una infección urinaria, y gracias a la Virgen está mejorcita, casi curada. Estamos las dos muy contentas, muy agradecidas.

Luisa, de San Antonio de Padua

—Quiero que la Virgen me ayude en mis estudios, estoy en cuarto año de secundaria y estudio inglés, también. Soy boy scout católico; hoy traje conmigo algunos amigos, que no estaban muy convencidos de venir. No hay muchos chicos de mi edad que se acerquen a la Virgen, pero yo trato de que mis compañeros la conozcan, que se den cuenta de que tienen a quién recurrir si necesitan alguna ayuda.

Ariel, de Laferrere

—Vengo a pedirle que me saque ciertos problemas psicológicos, pero tengo que agradecerle que, aunque es la primera vez que vengo, ya me siento mucho mejor. Quiero agradecerle también por la familia que me dio, que es maravillosa, salvo una hermana que es muy mala conmigo. Mi familia que ha ayudado a desarrollarme en lo personal y a trabajar en los medios de comunicación de la Iglesia católica. Por ejemplo, ahora estoy trabajando en forma gratuita en un mensuario católico de espectáculos y videos, que se llama "Alégrate". Este medio me dio la posibilidad de hablar de esta monja judía conversa tan importante, Rita Stain. La gente de este mensuario me pagó también un viaje a San Nicolás, para que pudiera agradecerle también allí a la Virgen.

Pablo, de Paternal

—Fíjese la fe que hay que tener para estar aquí con más de cuarenta grados de temperatura. Vine a acompañar a mi mamá, que tiene un problema de columna, y decidí no dejarla venir sola, por las dudas. Sólo ver la cantidad de gente que hay, no sé si está al nivel de Luján, en sus mejores épocas, es asombroso. Con las cosas tan negras que pasan, parece que uno va a perder la fe en la primera esquina, porque es difícil entender estos tiempos tan adversos para la gente.

—¿Piensas que el 2000 tiene algún significado especial?

–No, creo que no, y eso es lo malo, que no va a pasar nada. Lo peor que puede pasar es que siga todo igual. A eso le tengo más miedo que al fin del mundo.

–¿Y cuáles son tus esperanzas de cambio?

–Educar a la gente, que abramos los ojos. Aunque digan: "Ah, qué pensamiento tan subversivo", no es así, hay que enseñarle a la gente que hay otras cosas, que, por ejemplo, no todo se limita al fútbol. Habría que pensar que hay gente que no come, eso no lo resuelve ningún juez. Hoy todo el mundo hace política, le interesa salvar su propio pellejo, hacer su propia plata e irse, así que...

–¿No es fácil creer?

–No siempre. Ahora tengo 21 años, pero antes era de grupos scout, así que siempre estábamos en el tema religioso. Íbamos frecuentemente a la iglesia, ayudábamos a la parroquia repartiendo alimentos en zonas alejadas. Hoy es la primera vez que vengo a ver a la Virgen; nos enteramos con mi mujer por televisión, y me parece muy lindo y muy bueno que haya tanta gente que recurra a Ella. De paso vengo por acá, conozco la iglesia...

–Además de pedir por tu mamá, ¿pedís alguna otra cosa?

–Más que nada pido por mi familia, por mí y por la gente, para que tenga un poco más de fuerza, y que no pierda la fe, que es lo importante.

Nicolás Córdoba, de Palomar

–Hace un año me trajeron una estampita de Bahía Blanca, así que en noviembre del ´98 vine a conocer a la Virgen. Desde entonces vengo siempre. En ese entonces yo me había separado de mi marido y estaba muy angustiada. Sentía que no iba a poder reconstruir mi vida, hacía veinte años que estábamos casados y son tantas las cosas que una comparte durante todo ese tiempo, que la ruptura me dejó deshecha, como vacía, sin rumbo, nada tenía sentido. Cuando mi cuñado me trajo la estampita estaba en un pozo negro que parecía no tener fondo. No tenía fe, ni en Dios, ni en mí misma ni en nada. Pero él me insistió para que viniera, porque él le había rezado y se había sentido mucho mejor. Le dije que sí, más para que me dejara tranquila que por otra cosa, y él me trajo en el auto. Cuando observé el cuadro sentí que la angustia me estallaba en el pecho y me puse a llorar sin control, no sé cuánto tiempo duró ese ataque de llanto, pero cuando me recuperé, sentí a la Virgen tan cerca de mí, una paz tan consoladora... se me eriza la piel de sólo recordarlo. A partir de ese día volví semana tras semana, casi no pensaba en otra cosa, estaba completamente entregada a ese ser maravilloso y superior que es María. Tres meses después había vuelto a trabajar, retomé mi vida casi como era antes. Vendí mi casa y me mudé a un departamento, porque no quería seguir viviendo en la misma casa que había compartido con él durante tantos años. Ahora la relación con mis hijos es excelente, salgo con mis amigas y trato de divertirme. Pero todos los días 8 estoy aquí, eternamente agradecida a la Virgen por lo que hizo por mí. Nunca voy a dejar de venir, de agradecerle. Ella me enseñó que uno puede vivir sin muchas cosas, y aun así tratar de ser feliz.

Mirtha, de Palermo

—Yo no vengo a pedir nada malo.

—Es que la Virgen no le va a hacer caso si le pide algo malo.

—No vengo a pedirle por un hijo desamorado, que se porta muy mal conmigo. Es que tenemos muchas barreras...

—Hay un nudo...

—Hay recontranudos...

—¿Es su único hijo?

—También tengo una hija, pero ella no me da trabajo. Me gustaría que le vaya bien en el trabajo, nada más. Pero tengo cinco nietos.

—¿Cómo están sus nietos?

—Son divinos, pero no tienen suerte. Son los chicos de mi hija. Mi hijo, en cambio, es soltero y tiene cuarenta años.

—No quiere casarse, quizá prefiere divertirse...

—No, no es eso, él es muy responsable, es una cuestión de... compañías. La mujer que está con él es un demonio, y yo le ruego a Dios y a la Virgen que se la pueda sacar de encima. Hasta que ella no desaparezca de nuestras vidas, todo va a seguir mal. Por eso vengo, para que la Virgen interceda.

Nelly, de Versalles

—Cuando vine por primera vez hace unos meses, estaba un poco desorientada, porque nunca había ido antes a pedirle a un santo o a la Virgen. Es la tercera vez que vengo, y estoy muy contenta, no solamente porque me ayudó, sino porque me despertó la fe.

—¿Qué viene a pedirle hoy a María?

—Salud para mi nietito, que nació la semana

pasada; se llama Federico Nicolás y está muy bien. Pero la primera vez vine por mis hijas, porque se peleaban mucho, competían, se creían que una era mejor que la otra y la familia no podía vivir tranquila.

—¿Cómo se llaman sus hijas?

—Andrea y Romina, y tienen 25 y 17 años.

—¿Y cambiaron las cosas?

—Completamente, estoy más que contenta. Fue de a poco, casi sin darnos cuenta. Incluso hoy vino Andrea conmigo, porque le hizo una promesa a la Virgen.

—¿Qué promesa hiciste, Andrea?

—Venir este 8 de marzo si todo salía bien. Yo le había pedido que me fuera bien en los exámenes de la facultad, porque en el ´97 las cosas se me habían hecho difíciles.

—¿Qué estudias?

—Administración de empresas. Estoy en segundo año y el año pasado di todos los exámenes bien, no me quedó pendiente ninguna materia. Le estoy muy agradecida a la Virgen. Ella me ayudó muchísimo en la parte anímica y por eso vine hoy con mi mamá, para agradecerle por toda la fuerza que me da.

Gladys y Andrea, de José C. Paz

—Me da muchísima pena la gente que está tan mal hoy en día.

—¿Piensa que se puede hacer algo?

—En lo individual no, pero pienso que si todos nos juntáramos y fuésemos menos egoístas, las cosas irían mejor. Cuando resignamos algo de lo que tenemos, por ejemplo, para chicos de afuera que no tienen nada y pasan hambre, yo quisiera que les lleguen esas cosas, porque sé que a veces las donaciones no llegan a destino. Lo que le pido a la Virgen es eso, que ayude a la humanidad a ser más humana, justamente, y que la gente pobre no tenga que sufrir tanto por el egoísmo de unos pocos.

Elisa, de Temperley

–Le pido salud, lo principal, también trabajo. Por lo que vine la primera vez, parece que los nudos se me desataron todos.

–¿Qué nudos tenía?

–No podía salir adelante, hasta si quería hacer una reunión en casa encontraba una traba tras otra. Pero por suerte todo se fue solucionando y ésta es la tercera vez que vengo. También tengo un poco más de dinero para poder hacer todo lo que planeo. Ese fue el principal nudo que Ella se encargó de desatar: el problema de dinero en casa.

–¿Tiene hijos?

–Sí, dos hijas. Una estudia en la facultad y ya consiguió un puesto de trabajo. La otra se había quedado sin trabajo en enero, entonces se compró una vela de esas grandes de la Virgen, la prendió y enseguida consiguió un empleo. Estoy muy agradecida y me siento feliz, porque se me abrieron muchas puertas.

Nélida, de Monte Grande

-La vez pasada le pedí un milagro. Ella me protege, le estoy haciendo una novena, y le rezo de mañana, de tarde y de noche. Tenía un familiar enfermo, que por suerte está recuperándose. Tengo fe, muchísima fe en Ella.

Celia, de Villa Crespo

—Le pedí que mi nuera quede embarazada, hace cinco años que está casada con mi hijo, y no pasaba nada. Y quedó, ahora está embarazada de tres meses. Imagine lo contenta que estoy, me vendría a pie desde San Martín si me dieran las piernas.

Norma, de San Martín

—No vengo por milagros, vengo a pedirle que me ayude, a mí, a mis hijos, a mi familia. Estoy sin trabajo y quedé viuda, me fueron mal las cosas, y en este momento tengo que salir a trabajar. No consigo empleo por la edad que tengo. Nadie quiere emplear a una ama de casa de 57 años. Por eso todo lo que espero es que la Virgen me escuche; como mujer y Madre de Dios, Ella seguramente me va a entender.

Elba, de Monte Grande

—(Camilo) —Yo vivo en Formosa y vine a conocer a la Virgen, que es muy popular también por allá.

—¿Vino especialmente?

(C) —Aquí vive mi cuñada, y aproveché para venir. Vengo a pedir trabajo y salud para todos los enfermos conocidos míos.

—¿Y sabe si en Paraguay ya conocen a la Virgen Desatanudos?

(Nélida) —Sí, la conocen bien. Imagine que nuestro pueblo está separado del Paraguay por un río, así que estamos siempre en contacto, sabemos todo lo que pasa allá. En Paraguay todos la conocen, pero la llaman la Virgen de los Milagros. Acá la llaman Virgen Desatanudos, pero es la misma imagen. En Paraguay

se la venera en una iglesia inmensa desde hace mu-
chísimos años, mucho antes que aquí. Cuando vi la
estampita dije: "¡Pero ésta es la Virgen de los Milagros!". Por eso vinimos la primera vez. Ahora venimos
todos los días 8 de cada mes.

Camilo y Nélida, de Formosa

(Aclaramos que la Virgen de los Milagros, venerada en Paraguay, no tiene relación con la Virgen
Desatanudos, aunque la estampa que la representa presenta ciertas semejanzas en la vestimenta de la Virgen.)

CAPÍTULO III

Los devotos famosos

Carmen Barbieri
"Un altar repleto de imágenes religiosas"

"Tengo fe en Dios, aunque no vaya a misa regularmente, aunque nunca haya ido a San Nicolás ni a la parroquia donde está la Virgen Desatanudos", dice Carmen Barbieri, actriz y conductora de un importante programa de la televisión argentina, titulado "Movéte" .

Reconoce que su vida, a partir de su tarea como conductora televisiva, es un caos. Se levanta tempranísimo, así tiene tiempo de tomar un café y luego un baño, de arreglar algunas cosas en la casa, de estudiar algo de último momento relacionado con el programa. Mientras tanto, trata de escuchar radio para enterarse de las noticias y repasa los periódicos. Asegura que su esposo, Santiago Bal, la ayuda muchísimo. Él está despierto desde muy temprano y la acompaña en la especie de maratón que le toca realizar. A esa hora, el hijo del matrimonio, Federico, también se levanta y se va al colegio.

El viaje desde su casa hasta el canal de televisión es breve, pero lo aprovecha para tratar de organizar mentalmente el día. Cuando llega al canal, la visten y le indican lo que la espera cuando aparezca ante las cámaras. Pasa mucho tiempo en el canal porque siempre hay ensayos, pruebas de ropa, de pelucas, de coreografías, bailarines, pruebas para ver cómo sale la gente ante las cámaras. Es cansador, pero a ella esta vida la hace muy feliz. Es una de las muchas personas que disfrutan de su trabajo.

Cuando la vorágine del trabajo se aquieta, Carmen, de 44 años que parecen muchos menos, emplea buena parte de su tiempo libre para rezar en la soledad de su casa, ante el altar que ella misma confeccionó dentro de un mueble. Todos los días enciende una vela de la Virgen Desatadora de Todos los Nudos, le agradece todo lo que tiene en la vida, y recién después le pide su ayuda e intercesión. Santiago Bal, también famoso actor argentino, acaba de salir de una enfermedad muy delicada, que compromete el funcionamiento del único riñón que le queda, pero ella no cree en milagros y está convencida de que la voluntad de vivir de él fue decisiva. Por ahora, gracias a la fe y al deseo de vivir, Santiago sigue esquivando el trasplante de riñón.

Juntos se sobreponen con energía y amor a

los problemas de salud. Y sobre todo con fe. Carmen y Santiago se conocieron hace muchos años y se enamoraron. Hace trece que están juntos.

–Y seguimos enamorados. Aunque no pueda decirse que nuestro camino haya sido un lecho de rosas. Santiago se enfermó al año siguiente de estar juntos y nuestro trabajo por esos años era algo tambaleante. A veces bien y otras mal. Un día decidimos viajar a París, para que yo conociera. Fíjese que todavía no conozco Europa. Él se enfermó de un virus y tuvimos que regresar. Tuvimos un camino con espinas aunque nuestro amor fue una locura... y cometimos algunas. Como por ejemplo dejar nuestras casas, pelearme con mi madre... (ahora ella la ayuda a cuidar a Santiago, cuando tiene que guardar cama después de una operación). Tanto podían irnos bien las cosas como mal. Felizmente nos fue bien. Nunca tuvimos una crisis matrimonial, ni siquiera la famosa crisis que muchas parejas tienen a los siete años de estar casados. Gracias a Dios estamos muy bien. Tuvimos crisis económicas en lugar de amorosas. Nosotros estuvimos sin trabajo durante mucho tiempo, pero muy unidos. El artista sin trabajo se pone loco, pero en casa nunca trascendió ese malestar. Ahora le pido a Dios que también nos dé un poquito de paz en otro orden de cosas.

Sin duda se refiere a la salud de su esposo y a mantener una estabilidad económica.

–¿Le reza a la Virgen Desatanudos?

–Sí, me gusta mucho la imagen. Todos los días le enciendo una velita y le rezo.

–¿En su casa?

–Sí, tengo un altar que puse dentro de un mueble, a un costado de la sala de estar. Es que tenía tantas Virgencitas, tantas figuras de Cristo, que tuve que ubicarlas todas juntas en un lugar. Tengo a la Virgen del Rosario de San Nicolás, a María Rosa Mística, a la de Luján, en total son unas cuarenta, además de los santos y las figuras de Cristo. Una de esas figuras está totalmente hecha en acrílico y me la trajeron de Mendoza. También tengo una imagen del cura Brochero, traída desde Córdoba. Tengo especial devoción por Cristo, me emociona profundamente su rostro, y mi madre me trae siempre estampas que voy colocando en el altar.

"Antes que pedir, agradezco"

–¿Qué le pide a la Virgen Desatanudos en sus rezos diarios?

–Antes que pedir, agradezco. Le agradezco que Santiago se haya recuperado, le agradezco tener trabajo ininterrumpido desde hace casi tres años... –dice Carmen Barbieri.

Gracias a esa energía que le infunde la Virgen, Carmen tiene enormes fuerzas para transmitir a su audiencia, en el estudio de televisión donde todos los días graba en vivo "Movéte", cuyo título es la forma que se utiliza en Buenos Aires para decir "muévete".

A su hijo y a su marido les dedica por entero los sábados y los domingos, porque considera que de lunes a viernes vive para el programa de televisión. Cuando no está trabajando tiene que arreglarse las manos o hacer gimnasia, porque los ejecutivos del canal quieren que su imagen sea de lo mejor. Eso implica un gran sacrificio, pero Carmen lo hace con gusto, porque ella y su familia viven de eso, y permanentemente da gracias a Dios por tener trabajo.

Carmen hace de todo ante las cámaras: conduce, canta, actúa o realiza imitaciones, todo con una energía increíble. En medio de esta actividad frenética, muchas veces le toca salir corriendo a la calle por su marido, Santiago, que en los últimos meses soportó más de diez operaciones, debidas mayormente a problemas renales de larga data.

–Nunca se la ve quejarse, Carmen.

–No. Por un lado, soy una persona con mucha energía, no me canso de repetirlo. En Buenos Aires decimos que las personas así son "aceleradas". Eso me sirve para cuando tengo que escuchar a tres personas al mismo tiempo. Lo hago bien, ¿no? Se lo debo a eso y al hecho de tener una fe inquebrantable.

Carmen es la hija de un famoso cómico argentino, Alfredo Barbieri, que hizo reír a varias generaciones de su país, con sus caracterizaciones e imitaciones para el cine y el teatro de vodevil. Ella siempre tiene un cuadro con la fotografía de su padre en el camarín, amén de alguna que otra imagen de la Virgen. Alfredo le enseñó a Carmen todo lo que sabía acerca de cómo llevar la vida sobre un escenario. Desde no sentarse demasiado porque la ropa se arruga, hasta llegar temprano, ser buena compañera y buena profesional.

A pesar de haber tenido un padre cómico, Carmen Barbieri detesta que le cuenten chistes, y también la pone de mal humor que le pidan que cuente algo divertido. Es que fuera de las cámaras no le gusta estar entreteniendo a la gente. Le gusta ser sencillamente ella misma.

Por otra parte, la actriz es nieta de uno de los guitarristas de Carlos Gardel, que falleció en el famoso accidente de aviación en Medellín.

Pero eso es parte del pasado familiar, si bien conserva de su abuelo el anillo gracias al cual pudieron reconocer su cuerpo luego del accidente aéreo, y siempre lo lleva puesto. Cada vez que se persigna, le da un beso al anillo. Es como reconocerse enteramente parte de su familia.

"Siempre digo gracias a Dios"

–¿Se considera una persona atada a su pasado?

–No, yo vivo el hoy y, gracias a Dios, sigo manteniendo un humor excelente, como el que tenía mi padre. No me importa tener que madrugar y hacer una vida rutinaria como la de la mayoría de las personas. Simplemente agradezco todo lo que tengo.

–¿Le pide a la Virgen que la ayude con sus problemas?

–Sí, siempre le recé, pero francamente no creo en los milagros. No creo que todo dependa de un rezo, sino que además es la voluntad de uno la que cuenta. Si Santiago se recuperó fue porque él íntimamente quería seguir viviendo, además de la ayuda que recibió de María. Yo recé mucho mientras estuvo enfermo, pero sabía también que las cosas dependían de él, de su propia voluntad.

–¿Cree en las cadenas de oración?

–Sí, totalmente. Creo que la fuerza de la gente reunida puede hacer verdaderos milagros, como en el caso de Daiana Amorín con María Rosa Mística. Hay una fuerza en cada ser humano, que cuando se une con otras produce este tipo de hechos. La fe es muy importante, a mí siempre me ayudó. Soy actriz y los actores estamos siempre desocupados, un mes tenemos trabajo y el mes siguiente no. Por eso, la fuerza de la fe siempre te ayuda a seguir adelante.

–Santiago Bal es judío, ¿qué opina al respecto?

–El está de acuerdo y es muy respetuoso de mis creencias. El cree que Dios es uno, no importa de qué religión se trate, así que en lo esencial tenemos la misma fe.

"Nos alimentamos mutuamente de la fe"

–¿Cómo se hace para trabajar con toda energía, dando alegría y cantando mientras se tiene al marido internado en un sanatorio?

–Es un tema que siempre hablo con Santiago. El programa que hago por televisión me hace mucho bien, porque es como una terapia para mí. Cuando empiezo el programa, me olvido de todo; incluso he trabajado mientras lo estaban operando a Santiago, imagínese. Esto fue un tronco al que me aferré para no hundirme. Ahora, cuando termino de hacer el programa, me quiero ir volando a verlo, porque vuelvo a ser yo misma. Tanto Santiago como la fe me dan fuerzas. Ver a una persona tocar fondo y levantarse cada vez es algo que hace que una se fortalezca en sus creencias.

–Y la fuerza de su fe seguramente le aumenta las energías a él.

–Sí, es algo mutuo. Es recíproco. Yo soy una mujer de mucha energía y mucha fe, aunque como cualquiera llegue cansada de trabajar a los fines de semana. Cansada y feliz. No creo en la casualidad. Lo que nos pasa en la vida no es casualidad.

–¿Gana bien en su trabajo?

–Veo que su pregunta está encaminada a saber si yo también rezo por prosperidad... ¿quién no lo hace? Gracias a Dios, gano bien. No es tanto dinero como la gente puede creer, pero me sirve económicamente. Insisto, gracias a Dios puedo sostener la casa con una persona con problemas de salud. No sé qué sería de mí sin trabajo.

–¿Qué le pide ahora a la Virgen, especialmente?

–Primero le agradezco por hacerme sentir tan afortunada. Por tener a mi hijo sano, por el trabajo, y por tener a mi madre y a Santiago. Tengo fe en Dios y en mí. Aunque a veces dudo un poquito, igual sigo adelante y apuesto a la fe.

Además de su intenso trabajo, del cuidado de su marido y de la atención que le pone a su vida espiritual, Carmen Barbieri es una mujer como la mayoría de las de su tiempo. Le encanta viajar en avión, comer asados preparados por Santiago en el balcón de su apartamento, cocinar pastas, pizza y pan, jugar con la computadora, salir de compras para hacer regalos a sus seres queridos, filmar videos, cantar y bailar... Porque no todo se centra en oraciones y velas. Pero la fe permite vivir todo con mayor alegría, a pesar de los problemas que puedan aparecer a cada paso.

Ginamaría Hidalgo
"Soy devota de la Virgen Desatanudos"

Ginamaría Hidalgo es otra de las estrellas que se han declarado devotas de la Virgen Desatanudos. Esta cantante, de 64 años, a quien en Puerto Rico, donde vivió entre 1989 y 1993, llaman "La Diva de América"; que confiesa ser terriblemente tímida y comprar sus blusas en el barrio porteño de Once, el "patio de compras" predilecto de las amas de casa de sectores populares, declaró a la prensa escrita su fervor por esta advocación y lo que representa: "Soy devota de la Virgen Desatanudos. Le tomé mucho cariño y respeto", dijo. "No quiero ponerme a predicar nada que no sea puro. Por eso les digo a todas las personas que tienen necesidad de un apoyo moral, que vayan hacia allá."

Ginamaría conoció la advocación cuando estuvo radicada en Europa y tuvo la dicha de conocer la iglesia alemana donde se encuentra el cuadro original.

Los días 8 de cada mes –o los domingos previos–, Ginamaría Hidalgo se presenta ahora en la iglesia de San José del Talar, para que los fieles puedan deleitarse con su fina interpretación del Ave María, un clásico de la cantante.

"Todo esto tiene que ver con una actitud de vida, que he adoptado desde hace unos años. Mi vida personal está encaminada en la búsqueda de la paz y en la reflexión. Una vez mi hijo me dijo si no sería que Dios deseaba que mi amor fuese para la gente y no para una sola persona...", dice en alusión a su vida personal.

Ella reconoce que su propia expresión musical está imbuida de energía espiritual: "Los críticos siempre rescataron mi mensaje, el del alma, del espíritu, en representación de mi país. La Argentina es lírica, de allí sus artistas, sus poetas de expresiones elevadas e imágenes excepcionales".

Pero Ginamaría no es la única cantante conocida por tener una gran devoción mariana. También es sabido que Estela Raval tiene un lazo muy importante que la une a María del Rosario de San Nicolás, sobre todo después de haber tenido una larga charla con Gladys de Motta, la mujer que ve a la Virgen y recibe mensajes de ella.

Ginamaría Hidalgo considera a Estela Raval una de las mejores cantantes latinoamericanas, junto con Mercedes Sosa.

Sin embargo, Ginamaría también cuenta con un honor muy importante: "Fue algo grandioso, emocionante. Hace veinte años, en 1979, me invitaron de la Organización de los Estados Americanos, para intervenir entre aquellos pequeños, seleccionados, grupos de artistas que cantaron para el Papa en su visita a los Estados Unidos. Fue cuando Juan Pablo II estuvo en la sede de la OEA, en Washington. La ceremonia se realizó en el Salón de las Américas, y es algo que nunca pude olvidar. El secretario general de la OEA, por aquel entonces Alejandro Orfila, recibió al Papa. Luego hablaron el delegado norteamericano y finalmente respondió Juan Pablo II. Yo canté inmediatamente después. Actuaron cuatro coros distintos de Washington, incluyendo uno que interpretaba temas folklóricos polacos, otro que cantaba canciones folklóricas de los Estados Unidos y un coro masculino que entonó negro–spirituals. Yo fui la única cantante solista. Represent, cantando, a una ciudadana de América latina. Canté el Padrenuestro, en inglés; el 'Ideale', de Tosti; la 'Canción para creer', de Roberto Palmer y Pocha Barros, y el 'Ave María', de Schubert. Todos los temas los canté sin acompañamiento, a capella. Sentí una emoción enorme de cantar para el Papa, no es para menos".

En aquellos años, Ginamaría Hidalgo tuvo que desarrollar su carrera fuera de la Argentina, dado que los gobiernos militares le llenaron la vida de silencio, por considerarla "inconformista". Pero su fe la mantuvo en pie, llevando su voz a otros escenarios del mundo: "¡Bendito sea Jesús! Una no puede tener inseguridad cuando tiene un don que además lo trabajó, lo educó. Y sobre todo si tiene fe, mucha fe".

Araceli González
Le pide a la Virgen por sus hijos

Su carrera comenzó en las pasarelas, como una bella modelo. No era rubia ni tenía rostro ovalado. Ella era distinta: de pelo oscuro, corto, cara redonda y bella sonrisa. Y triunfó igual. O el doble que muchas otras. ¿Por qué? Porque tenía fe. Su nombre es Araceli González; dejó las pasarelas y se convirtió en actriz, y hoy es además la esposa de uno de los productores de televisión más importantes de la Argentina, Adrián Suar. Él también es actor. Se habían conocido cuando eran muy jovencitos, mientras trabajaban en un serial para adolescentes.

Cuando se casaron, celebraron una boda mixta, dado que Araceli es católica y Adrián, judío. Sin embargo, cada uno puede desarrollar su fe religiosa a su manera. Araceli continuó con su devoción mariana, que se incentivó a partir del nacimiento de su segundo hijo, Tomás.

A comienzos de 1999, la mayoría de los fieles que hacían fila ante la iglesia de San José del Talar reconocieron a Araceli González en momentos en que era una más de ellos, una devota que esperaba ver el cuadro de la Virgen Desatanudos, para agradecerle los dones recibidos, y para pedir por la salud y bienestar de sus hijos, Florencia y Tomás, y de su esposo, Adrián.

Araceli sigue siendo una mujer sencilla, a pesar de la fama, una chica de barrio. Tuvo que cambiar su bello barrio de Ramos Mejía, por el elegante barrio de La Horqueta. Pero dice que extraña sus macetas y a la gente de su vieja vecindad. Por eso cada tanto toma contacto con aquellas personas reales que tanto extraña, en la fila de la iglesia, para visitar a la Virgen Desatadora de Todos los Nudos. Allí Araceli es una más entre la multitud, como lo era antes, cuando era enteramente una chica de barrio.

Gabriela Sabatini: con fe en María

Fue una de las deportistas más famosas y exitosas de la Argentina. Pero Gabriela Sabatini no se cansa de repetir que es otra desde que dejó el tenis. Más madura y reposada. Quienes la conocen saben que ahora está más cerca de lo espiritual, y que es una de las cientos de mujeres devotas de la Virgen Desatanudos en Latinoamérica.

El cambio se produjo en 1996, el año en que fue entronizado el cuadro en la iglesia de San José del Talar, en Agronomía. ¿Coincidencia? En todo caso una significativa coincidencia.

Esa transformación fue total: "Ahora me gusta comer cada cuatro horas. No hago dieta. Simplemente estoy más atenta a los pedidos del cuerpo y del espíritu, algo que muy pocos hacemos, y que es fundamental para sentirse bien", dice Gabriela.

Su sonrisa ahora se ve más relajada y abierta que cuando brillaba como tenista.

"Estoy tratando de disfrutar más de la vida. Acostarme a la hora que quiero, viajar adonde se me ocurra o salir de compras con una amiga, sin apuros ni límites de horario; entrar en una iglesia cuando siento la necesidad, sin pensar que a la salida van a estar pidiéndome autógrafos", agrega.

No es poca revancha para quien ha estado absorbida por el tenis desde los seis años. De todas maneras, Gabriela Sabatini no deja de agradecer a la Virgen por todo lo que le posibilitó.

Ya no hay posibilidad de volver atrás: "Cuando me retiré hice lo que necesitaba hacer, lo que mi corazón me ordenaba. Nunca volví a tomar una raqueta, a lo sumo lo hice por razones promocionales o para divertirme un rato con mi hermano. Nunca se me cruzó por la cabeza volver. Ese mundo ya es parte de mi pasado, y aunque le debo a Dios tantos años de éxito en las canchas del mundo, también le agradezco que me haya dado la oportunidad de pensar que debía retirarme cuando lo deseara, sin pensar en el dinero que podía perder".

Y continúa así: "Mi retiro fue algo extraño, ya que todo el mundo me decía lo duro que es dejar de hacer lo que a uno le gusta, y sobre todo dejar de pelear por una meta determinada. Sin embargo, a mí, gracias a Dios, no me costó mucho. No digo que no me guste jugar al tenis, pero hay muchas cosas que me quitaba y las quiero revivir, quiero disfrutar de mi tiempo, de mi familia, de mis amigos, de mi espiritualidad. Quiero organizar mi vida de otra manera. Éstas son las razones por las que descarto una posible vuelta al tenis, eso sería algo inimaginable. Yo estoy conforme viendo cómo juegan las chicas ahora. Además ahora puedo conocer lugares y gente, con la posibilidad de volver seguido a casa".

Eso sí, por ahora no piensa en casarse o tener chicos: "No, todavía no pienso en tener hijos. Pero ya van a llegar. Estoy disfrutando este momento y abierta para cuando me llegue aquello".

Es muy clara cuando explica por qué no extraña su vida yendo a competir de un torneo a otro: "Me saqué un peso de encima. Cuando tomé la decisión de dejar fue porque el tenis me pesaba. Requería todo de mí y ya no estaba dispuesta a darlo. Me pasé casi toda la vida sola. Yo y mi entrenador. Hasta iba a cenar con él. Y ahora es todo lo contrario. Quiero salir, divertirme, conocer gente. No me gusta estar sola. Aunque antes me sentía acompañada si llevaba alguna medallita de la Virgen".

Por problemas de dinero no puede quejarse.

Su cuenta bancaria asciende a los veinte millones de dólares, una casa frente al mar en Key Biscayne, un tríplex en Buenos Aires, un rancho o estancia, una marca de perfumes y varios automóviles de los más costosos. A pesar de ello muchas veces se desplaza en limusina. Es lo que se llama prosperidad. Pero no es todo para ella. Con parte de su dinero decidió también comenzar a proyectar para dentro de poco tiempo la posibilidad de crear una fundación relacionada con la educación y las escuelas.

El dinero tampoco la hace sentirse lejos de sus amigos: "No me hace diferente de los demás el tener dinero. Con mis amigos somos todos iguales. Nos conocemos desde hace años y para ellos soy Gabriela, la persona, no el personaje".

En el momento de retirarse del tenis, en octubre de 1996, tenía ocho millones de dólares. Con fe logró expandir su cuenta a veinte millones.

Y le sobran otros reconocimientos. Por citar alguno, fuera del tenis, dos expertos en perfumes, el modista Paul Lagerfeld y la actriz Isabella Rossellini –hija de la actriz sueca Ingrid Bergman y del director italiano Roberto Rossellini– premiaron en Hamburgo la fragancia que Gabriela Sabatini presentó en Europa en 1997. A los 28 años ya era toda una empresaria. El nombre del perfume es Bolero y Lagerfeld es uno de los monstruos que rigen los destinos de la moda desde París.

Gabriela se retiró del tenis profesional cuando ocupaba el tercer lugar del ranking y la primera era Steffi Graf. Gaby tenía una temporada adversa, víctima de la fatiga de los tenistas que empiezan su carrera muy jóvenes. Pero la decisión fue tomada ante la necesidad de nuevos horizontes profesionales. Y fue una decisión sabia, a juzgar por lo que sucedió en más de dos años de estar lejos de las canchas.

La ex tenista ahora hasta tiene tiempo para rezar y pedirle a la Virgen que cuide a sus seres queridos, entre ellos, su sobrina Oriana y su hermanita que está por llegar al mundo, ambas hijas de su hermano Osvaldo Sabatini y de la actriz venezolana Catherine Fulop.

"Me gusta salir con mi hermano y mucho más ahora que puedo disfrutarlo sin la presión de tener que jugar un partido importante. Además, estar con Catherine y poder comerme a besos a Oriana sin obligaciones es lo que siempre he querido. Éste es el tiempo que me ha llegado de disfrutar. Por suerte supe escuchar a tiempo la voz que me llamaba a dejar el tenis profesional", dice Gabriela.

La gente quiere a Gabriela Sabatini por sus éxitos, pero a veces no la consideran un personaje simpático. Pero ella se encarga de aclararles: "No, juro que no soy antipática. Mi problema es la vergüenza. Siempre fui así. Cuando era chiquita estaba agarrada de las piernas de mi mamá y no la soltaba. En primer y segundo grado de la escuela, tocaba la campana para salir al recreo, y yo me quedaba pegada a la pared. No me movía. No jugaba con nadie de la vergüenza... es terrible".

Pero hay algo que la reviste de carisma, a pesar de no ser demasiado simpática. ¿Será la fe, en sí misma y en algo más?

CAPÍTULO IV

¿Por qué nos encomendamos a María?

Es un hecho que en la actualidad existen formas nuevas de culto y religiosidad dentro de la Iglesia católica. Las nuevas costumbres sociales que trajo la modernidad y la sensibilidad actual respecto de la vivencia religiosa han impuesto nuevas formas de culto, adaptadas a los tiempos.

Sin embargo, la base doctrinaria sigue y seguirá siendo siempre la misma, pues es en la palabra escrita de los Santos Evangelios de donde los cristianos extraemos los fundamentos de nuestra fe; la palabra de Dios viene guiando a los cristianos desde hace dos milenios, y en ella buscamos una y otra vez las certezas que nos faltan, la sabiduría que no tenemos o que hemos olvidado.

Por esta razón decidimos recurrir una vez más a las Sagradas Escrituras, a fin de extraer todas las enseñanzas que nos ha legado nuestra Madre.

Si bien son pocas las referencias directas que en ellas se hace de la Virgen, las que existen son el mejor modo de conocer sus misterios, su vida y figura al lado de Jesús, remarcando aquellos aspectos que nos ofrece como modelo cristiano de vida.

Lo importante para el creyente es tener en claro que no sólo se ha de admirar y ensalzar a María, sino que debe descubrirse en Ella el significado ejemplar de su vida y de su acontecer humano, recuperando la visión más humana de Ella, la que nos resulta más próxima como modelo.

San Lucas, 1, 26–34

A los seis meses envió Dios al ángel Gabriel a una ciudad de Galilea, que se llamaba Nazaret, a una joven prometida a un hombre de la estirpe de David, de nombre José; la joven se llamaba María.

El ángel, entrando a donde estaba ella, le dijo: "Alégrate, llena de gracia, el Señor está contigo".

Ella se turbó al oír estas palabras, preguntándose qué saludo era aquel. El ángel le dijo: "Tranquilízate, María, que Dios te ha concedido su favor. Pues, mira, vas a concebir, darás a luz un hijo y le pondrás de nombre Jesús. Será grande, se llamará Hijo del Altísimo, y el Señor Dios le dará el trono de David, su antepasado; reinará para siempre en la casa de Jacob y su reinado no tendrá fin".

Comentario

Dios hace al hombre a su imagen y semejanza, y le ofrece un destino feliz. El hombre posee capacidad para distinguir el bien del mal y puede mantener la armonía con Dios o rebelarse contra Él.

En la prueba de la serpiente, la tentación, el hombre cae y rompe la armonía divina. Es el pecado del origen, la irrupción del mal en el mundo por la codicia humana.

Todos nuestros pecados actuales no son más que repeticiones de aquel que nos arrojó fuera de la armonía total con Dios.

La atracción que ejerce el pecado sobre los seres humanos es peligrosa para el bienestar espiritual. Sin embargo, la conversión comienza y se renueva a través de los Sacramentos.

De todos modos, una de las cosas más importantes que nos legó María fue haber hecho entrar a todas las mujeres en la condición de bienhechoras. A partir de María, la mujer ya no es maldita para las culturas patriarcales antiguas. Las mujeres, desde la presencia de la Virgen, han conseguido con qué superar en gloria incluso a los ángeles. A partir de María se produjo la sanación de Eva; Dalila fue sepultada junto con el estigma de traición que quedaba marcado a fuego para las mujeres. Se elogia a Sara como fértil campo de los pueblos, se honra a Rebeca como hábil proveedora de bendiciones, se llama bienaventurada a Isabel porque llevó en su seno al predecesor, y se adora a María como Madre del Señor.

San Pablo escribía: "Pues cuantos fuisteis

bautizados en Cristo, os revestisteis de Cristo. No hay judío, ni griego; ni siervo, ni libre; ni hombre, ni mujer. Porque vosotros sois uno en Cristo Jesús".

Esta verdad hace que caigan por tierra algunas afirmaciones como que las mujeres deben escuchar en silencio las instrucciones que se les dan con entera sumisión; que no deben ni pueden enseñar a los hombres y tienen que permanecer calladas ante ellos, ya que Adán fue creado antes que Eva, y que aquel no fue engañado sino ella.

Sin embargo hay un punto en el que coinciden todos los doctrinarios, tanto los de hace dos mil años como los de hoy: que la mujer puede alcanzar la santidad si persevera en la caridad.

Alrededor de Jesús siempre hubo mujeres presentes. María Magdalena lo siguió a la Cruz y a la tumba vacía de la Resurrección; Marta y María lo recibieron, y la Samaritana lo escuchó.

Y después muchas de ellas dieron testimonio de fe en las persecuciones que sufrieron los primitivos cristianos, como la esclava Blandina, mártir de Lyon en 177. Mujer, pobre, esclava... O adolescentes, como Inés, la virgen mártir en Roma.

San Mateo 1, 18–23

Así nació Jesús, el Mesías: María, su madre, estaba desposada con José y, antes de vivir juntos, resultó que esperaba un hijo por obra del Espíritu Santo. Su esposo, José, que era hombre recto y no quería infamarla, decidió abandonarla en secreto. Pero, ape-

nas tomó esta resolución, se le apareció en sueños el ángel del Señor, que le dijo:

–José, hijo de David, no tengas reparo en llevarte contigo a María, tu mujer, porque la criatura que lleva en su seno viene del Espíritu Santo. Dará a luz un hijo, y le pondrás de nombre Jesús, porque él salvará a su pueblo de los pecados.

Esto sucedió para que se cumpliese lo que había dicho el Señor por el profeta: "Mirad: la virgen concebirá y dará a luz un hijo y le pondrá de nombre Emanuel", que en hebreo significa Dios con nosotros.

Cuando se despertó José, hizo lo que le había dicho el ángel del Señor y se llevó a su mujer a su casa. Sin haber tenido relación con él, María dio a luz un hijo, y él le puso de nombre Jesús.

Comentario

Es necesario que podamos desmitificar la figura de María, liberarla de adornos propios de una literatura engañosamente piadosa. Así aparecerá María en toda su grandiosa sencillez y llaneza, como flor esplendorosa en medio del desierto de lo cotidiano.

Ella llevó sin duda la vida normal de una joven israelita, en el seno de una familia creyente, según los usos y costumbres de su tiempo.

¿Pero cómo era realmente esa sociedad israelita en la que creció María? Adentrémonos por un momento en los lejanos vericuetos de la Historia.

El amor en el antiguo Israel era la primera y universal vocación de las mujeres. Sobre este tema tenemos en la Biblia un documento universal: el Cantar de los Cantares, un dúo entre el amante y la amada que asemeja un canto lírico, y en donde está presente todo lo que puede suscitar el amor en el hombre y en la mujer, expresado en un lenguaje cálido e imaginativo. El canto va de la pasión a la ternura, del erotismo a la fidelidad más emotiva:

"Sostenedme... reanimadme... ¡Pues estoy enferma de amor!", dice la amada, y el amante le responde:
"Me trastornas, hermana mía, prometida mía,
me trastornas con una sola de tus miradas".
Y luego ella:
"Mi amado ha puesto la mano en la cerradura,
y he sentido estremecerse mi vientre.
Me he lanzado para abrirle la puerta,
¡Pero mi amado había desaparecido!
Mi vida ha marchado al comprender su partida.
¡Ah! Os lo suplico, hijas de Jerusalén:
si encontráis a mi amado,
¿sabéis lo que hay que decirle?
Que estoy enferma de amor".
Luego él replica:
"Imprímeme como un sello sobre tu corazón.
El amor es tan poderoso como la muerte,
la pasión tan indestructible como el infierno.
Sus flechas son dardos de fuego,
es un brasero de Dios.
El océano no podría apagar el amor,
ni los ríos llevárselo".

Estos versos nos aportan una idea realmente hermosa de cómo los hebreos concebían el amor. Pero, ¿cómo pensar la situación real de María al comunicarle a su prometido José que estaba embarazada por obra del Espíritu Santo? ¿Qué podía esperar la joven mujer en semejante situación?

Entre los israelitas, el matrimonio era considerado como la toma de posesión de una mujer por su marido, para llevar una vida común en la familia del marido y dar a este último hijos destinados a perpetuarlo. Para un hombre, "casarse" era convertirse en "propietario de una mujer", y para una mujer "ser esposa" quería decir "ser propiedad de un marido" (véase Deuteronomio 22).

De no haber sido por la intervención de un ángel en el sueño de José, exhortándolo a casarse con María, la futura madre de Jesús, es probable que la joven hubiese sido –por lo menos– rechazada por su prometido.

Aunque en aquella época un hombre normal tuviera por lo menos dos mujeres (una esposa legítima y una "ama") el deber más estricto de cada mujer era mantenerse fiel a su marido; en caso de falta, se la condenaba a muerte por lapidación y su cómplice debía morir con ella.

Todo esto nos da una clara idea de los peligros y amenazas que aceptó enfrentar María para llevar a cabo el deseo de Dios, anteponiendo su fe y su confianza a todos los peligros mundanos que la acechaban.

Dios irrumpe en su vida sin preaviso, como primera manifestación de su voluntad sobre ella. Y María se entrega, generosamente, al plan de Dios, y cambia su vida completamente. Ha firmado en blanco para el Dios sorprendente que la ha elegido, que la va a llevar por caminos insospechados, al encomendarle la alta misión de ser la Madre del Mesías.

Ella pone de manifiesto una gran capacidad de fe, de confianza y entrega, pero también muestra su talante joven al aceptar semejante compromiso, que podía llevarla a la muerte y a la deshonra.

El mensaje para los jóvenes

Es sabido que la juventud es una de las etapas más difíciles que debe atravesar un ser humano, y que no es apropiado englobar a todos los jóvenes en un mismo calificativo. Sin embargo, ser joven es estar en crisis, en una crisis radical, pues en esta etapa cada uno define los trazos mayores de lo que será en el futuro.

Es un lugar común que la juventud rechace los valores cultivados por sus mayores, que han generado una sociedad injusta y a veces incomprensible. Pero tampoco les resulta fácil encontrar otro camino válido y convincente.

Algunos sueñan construir una sociedad mejor, más justa para todos, pero difícilmente encuentran el canal apropiado para sus anhelos.

Otros ceden al materialismo, adaptándose al "sistema" para asegurarse de los medios para vivir bien, ser bien vistos y disfrutar del presente. Esto generalmente desemboca en el desencanto y la alienación propias de quienes buscan sus incentivos en lo material y en el éxito social. Se entregan entonces a la evasión, el aturdimiento, la droga, la violencia...

El mensaje de María para todos ellos es altamente revelador, y quienes lo escuchen podrán evitarse más de un padecimiento. La vida de entrega a Dios siempre abre caminos imprevisibles, y es maravilloso que algunos jóvenes se muestren dispuestos a aceptar un compromiso serio de realización humana, a interiorizar los valores legados por Dios para moverse en la vida.

San Lucas 1, 39–45

Unos días después, María se puso en camino y fue a toda prisa a la sierra, a un pueblo de Judea; entró en casa de Zacarías y saludó a Isabel. En cuanto oyó Isabel el saludo de María, la criatura dio un salto en su vientre. Llena de Espíritu Santo, dijo Isabel a voz en grito:

"¡Bendita tú eres entre las mujeres y bendito el fruto de tu vientre! ¿Quién soy yo para que me visite la Madre de mi Señor?"

"En cuanto tu saludo llegó a mis oídos, la criatura saltó de alegría en mi vientre". "Y ¡dichosa tú, que has creído! Porque lo que te ha dicho el Señor se cumplirá".

Comentario

No hay mayor ejemplo de fe madura, conquistada, que la de María, luego de un duro camino de pruebas, asumiendo las experiencias nuevas, los cambios, los modos extraños en los que Dios se le va manifestando.

"María avanzó en la peregrinación de la fe", expresó el Concilio Vaticano II, donde se subraya cómo María vivió una fe progresiva, aceptando lo inesperado, como debiera, en el mundo material y espiritual, ocurrirnos a nosotros.

Toda experiencia de fe es donación de Dios, pero requiere un esfuerzo del hombre, cierta predisposición fundamental: María es dichosa porque ha creído, porque ha renunciado a caer en la duda para fiarse de Dios. La fe pide como actitud fundamental amor y confianza, puesto que es la conexión más poderosa entre Dios y la persona humana. María fue un sí a Dios en todo.

En Ella encontramos también la exaltación definitiva de la mujer en su función de dar vida. Su maternidad divina es la culminación y elevación máxima de esta inigualable prerrogativa femenina; también en el antiguo Israel, el matrimonio perfecto sólo se alcanzaba cuando la mujer daba hijos, todos los hijos posibles a su marido y a la familia de éste. Pues la garantía de una numerosa posteridad se consideraba uno de los elementos esenciales de la felicidad (Salmo 127 3s), a condición de que hubiere en primer lugar hijos varones, únicos capaces de continuar la familia.

En el caso de la Virgen María, la bienaventuranza del mundo futuro dependía del éxito de su función maternal. Una tarea tan elevada sólo podía llevarse a cabo mediante una entrega total, absoluta a los designios de Dios. Y María cumplió su rol a la perfección, sin abandonar ni un instante la actitud humilde que la caracterizaba. Gracias a Sus innumerables virtudes, las mujeres han recibido un ejemplo eterno de dignidad femenina.

María, modelo de juventud

María es la mujer joven que vive en la esperanza y en actitud de abierta entrega. Aunque sabe cultivar los valores transmitidos, también sabe aceptar lo nuevo e inesperado.

La auténtica realización humana consiste en la liberación de lo negativo, de los nudos que hay en nosotros y en lo que nos rodea.

Pensemos que María acepta el arriesgado compromiso que le propone Dios fiada en su palabra, lo que le va a ocasionar contratiempos, incomprensión, recelo social: "Antes de vivir juntos, resultó que esperaba un hijo por obra del Espíritu Santo", señala San Mateo.

Pensemos que las mujeres israelíes de la época de Jesús eran con frecuencia condenadas a muerte por lapidación si se descubría que habían cometido adulterio. La religiosidad de Israel había transformado esa obligación social (la fidelidad) en una falta religiosa, por lo que no había piedad para las transgresoras.

Recién con la venida de Jesús las cosas cambiaron: "El que esté libre de pecado que arroje la primera piedra", les dijo Jesús a los hombres que estaban por apedrear a María Magdalena.

Sin embargo, María obedece los mandatos de Dios con fe, confianza y hasta con alegría, pues estaba convencida de que su misión respecto de la humanidad era más importante que cualquier sufrimiento o prejuicio humano.

Los pocos episodios evangélicos referidos a

María nos describen a una mujer activa, que viaja por iniciativa propia o impulsada por la situación afrontada, que interviene, que se hace presente en los momentos importantes, al lado de su Hijo Jesús.

San Lucas 2, 4–7

También José, que era de la estirpe y familia de David, subió desde la ciudad de Nazaret, en Galilea, a la ciudad de David que se llama Belén, en Judea, para inscribirse con su esposa, María, que estaba encinta.

Estando allí, le llegó el tiempo del parto y dio a luz a su hijo primogénito; lo envolvió en pañales y lo acostó en un pesebre, porque no encontraron sitio en la posada.

Comentario

La Virgen es Madre del Emanuel, que significa el Dios con nosotros. Por tanto, es madre con una clara intencionalidad: la de hacer posible la presencia salvadora de Dios en medio de nosotros. Maternidad de total generosidad, pues sumida en la mayor pobreza tiene un hijo para los demás.

Es la Madre del Dios cercano, que se manifiesta en la indigencia de un niño pobre y perseguido, en la debilidad del cuerpo humano, sometido a todas las pruebas de la vida, al dolor y a la muerte. Se hizo igual en todo a nosotros, menos en el pecado.

En esta situación, María se apoya en una gran fe que la ayuda a superar todos los obstáculos.

La fe de María no se queda en la teoría, se concreta en la aceptación práctica de la voluntad de Dios, que abarca toda su vida.

Pero no sólo Jesús se avino a sufrir las penurias de los hombres: nadie habla de los dolores de parto que debió sufrir Nuestra Madre al dar a luz. Sin embargo, los profetas citan a menudo el parto como elemento de comparación con los sufrimientos humanos:

"Inmersos en la angustia,
los dolores los dominaban:
Temblaban como parturienta." (Isaías, 13, 8)

El dolor de María ejemplifica también el de todas las mujeres, y su fe e inmenso amor ofrecen a nuestra vida la mejor lección; es indudable que sus circunstancias no fueron fáciles, y por eso mismo podemos aprender de Su humilde grandeza.

La vida de gracia en nosotros

Mediante el bautismo, todos somos incorporados a la Iglesia, el nuevo pueblo de Dios, heredero de la promesa, rehabilitado por la fe y en armonía con Dios. Este Sacramento supuso en nosotros el principio de una nueva vida en la gracia. Recuperar, aumentar e intensificar la vida de gracia es tarea ineludible de todo cristiano. Para ello poseemos medios especiales, como los Sacramentos, los cultos comunitarios y personales, las oraciones y el amor por Dios y por nuestros hermanos, expresado en obras.

San Lucas 1, 46–56

Entonces dijo María:
Proclama mi alma la grandeza del Señor,
se alegra mi espíritu en Dios mi Salvador,
porque se ha fijado en su humilde esclava.

Pues, mira, desde ahora me felicitarán todas las ge-
neraciones,
porque el Todopoderoso ha hecho tanto por mí;
Él es santo y su misericordia llega a sus fieles
generación tras generación.

Su brazo interviene con fuerza,
desbarata los planes de los arrogantes,
derriba el trono a los poderosos y exalta a los humildes,
a los hambrientos los colma de bienes
y a los ricos los despide al vacío.

Auxilia a Israel, su siervo, acordándose,
como lo había prometido a nuestros padres,
de la misericordia en favor de Abraham
y su descendencia, por siempre.

Comentario

María no perteneció a ninguna clase social privilegiada, simplemente fue una mujer pobre. Su vida humana estuvo envuelta en la misma clase de situaciones sociales opresivas y desesperanzadoras que hoy padece la gente humilde de nuestros pueblos.

Sufrió la fuerte discriminación, incluso en el

aspecto religioso, que debían soportar las mujeres de su tiempo, todavía más agudizada en los ambientes rurales en los que vivió. La Virgen fue consciente de su pequeñez e insignificancia, denominándose a sí misma "sierva del Señor".

Por eso acepta vivir al margen de su dignidad y categoría, no reclama nada especial invocando sus títulos. Confía en Dios y pone en Él su gloria, su gozo y su seguridad, porque Dios ha considerado su humildad.

Un golpe a la soberbia

El hombre moderno, por el contrario, pretende ser completamente autosuficiente; se siente, con frecuencia, seguro de sí mismo, respaldado por la sociedad que lo envuelve, así como confía en su técnica y en los medios materiales que logró desarrollar. Su situación no puede ser más opuesta a la de María.

Sin embargo, en su interior, él también necesita de Dios y de su grandeza. Ni las tecnologías más avanzadas ni el confort alcanzado pueden darle la verdadera felicidad, pues nada de eso responde a sus grandes interrogantes, a sus más íntimas necesidades espirituales.

Sólo en conexión con Dios y su mensaje puede el hombre realizar su proyecto humano con satisfacción y alcanzar la plenitud en la vida.

La confianza en Dios tiene razón de ser, sobre todo para el creyente.

Dios ha dado garantías y pruebas de su atención, preocupación y amor a todos, y es la única base segura que tiene el hombre para superar los peligros de su fe, las deformaciones continuas a las que somete a nuestra alma la sociedad, que nos manipula y aliena. La fuerza de Dios nos da el valor necesario para superar cualquier dificultad, hasta las que nacen de nuestro propio corazón.

San Mateo 2, 9–15

Con este encargo del rey Herodes, los Magos se pusieron en camino; de pronto, la estrella que habían visto salir comenzó a guiarlos hasta detenerse encima de donde estaba el niño. Ver la estrella les dio muchísima alegría.

Al entrar en la casa, vieron al niño con María, su madre, y cayendo de rodillas le rindieron homenaje; luego abrieron sus cofres y como regalos le ofrecieron oro, incienso y mirra.

Avisados en sueños de que no volvieran a Herodes, se marcharon a su tierra por otro camino.

Apenas se marcharon, el ángel del Señor se apareció en sueños a José y le dijo:
—Levántate, toma al niño y a su madre y huye a Egipto; quédate allí hasta nuevo aviso, porque Herodes va a buscar al niño para matarlo.

José se levantó, tomó al niño y a su madre de noche, se fue a Egipto y se quedó allí hasta la muerte de Herodes. Así se cumplió lo que dijo el Señor por el profeta: "Llamé a mi hijo para que saliera de Egipto".

Comentario

La vida de María fue lo más alejado que podamos imaginar de una vida de contemplación y adoración pasiva a Dios. La Virgen no vivió rodeada de algodones, de ángeles y de milagros. Por el contrario, Dios eligió a una mujer fuerte y activa para que llevara a cabo sus designios.

En vida, María tiene una participación activa frente a las circunstancias y se sitúa con dignidad en su puesto. La visita y estancia ayudando a su anciana prima Isabel, el nacimiento e infancia de Jesús, la huida a Egipto, la peregrinación a Jerusalén, son todas ocasiones que muestran a una mujer centrada en la realidad, dinámica y abierta a todo.

Hay indicios suficientes para pensar que María, con otras mujeres, acompañó a Jesús en sus años de predicación por los caminos de Palestina; se la nombra al pie de la cruz y está presente en el grupo de discípulos que forman la primera Iglesia. La podemos ver como la mujer activa que asume su papel al lado de Jesús, y lo continúa luego de su muerte, alentando a los seguidores de su Hijo.

De allí que podamos afirmar que María superaba los condicionamientos sociales que en su tiempo vivían las mujeres, pues éstas contaban muy poco. El varón –directo heredero de Dios Creador, en la mentalidad hebrea– ostentaba toda potestad y cargo; la mujer quedaba recluida en la casa, con dedicación exclusiva a las tareas domésticas; esto se acentuaba en los ambientes rurales. ¡Cuánta injusticia debieron sufrir las mujeres en el mundo! María, como activa cooperadora en el plan de Dios, rompe y desestima convencionalismos, prejuicios y criterios machistas, para ejemplo de todas las mujeres cristianas.

María y el feminismo

Uno de los rasgos más importantes de este siglo es la profunda preocupación por la igualdad de derechos de la mujer. Se trata de una lucha ardua por conseguir el reconocimiento legal y efectivo de sus derechos, capacidades y talentos, en todos los ámbitos y esferas de la vida.

La historia humana acumula una larga serie de injusticias, discriminaciones, postergaciones, que han padecido siempre los más débiles, en provecho de los más fuertes y mejor situados. Es una constante que se verifica con facilidad en toda la historia. La mujer, en general, ha sido víctima del abuso de poder del varón legislador, del varón estadista, del varón organizador de la familia y de los valores de la sociedad.

Aunque tal vez no haya sido suficiente, es de justicia reconocer el influjo positivo del mensaje cristiano: igualdad en la dignidad humana, alta valoración de la persona individual, ley del amor fraterno como hijos de Dios y miembros de la Iglesia, unión e igualdad en el matrimonio. Pero estos principios se fueron aplicando lentamente y con recortes, debido al peso de los valores sociales contrarios.

El cristiano tiene especiales motivos para captar y denunciar las situaciones de discriminación y falta de igualdad de derechos de la mujer.

San Lucas 2, 42–52

Cuando Jesús cumplió doce años subieron a las fiestas, según la costumbre, y cuando éstas terminaron, se volvieron; pero el niño Jesús se quedó en Jerusalén, sin que lo supieran sus padres. Éstos, creyendo que iba en la caravana, al terminar la primera jornada se pusieron a buscarlo entre parientes y conocidos; y como no lo encontraban, volvieron a Jerusalén en su busca. A los tres días lo encontraron por fin en el templo, sentado en medio de los maestros, escuchándolos y haciéndoles preguntas: todos los que lo oían quedaban desconcertados de su talento y de las respuestas que daba.

Al verlo se quedaron extrañados, y le dijo su madre: Hijo, ¿por qué te has portado así con nosotros? ¡Mira con qué angustia te buscábamos tu padre y yo!
Él les contestó: ¿Por qué me buscabais? ¿No sabías que yo tenía que estar en la casa de mi Padre?

Ellos no comprendieron lo que quería decir. Jesús bajó con ellos a Nazaret y siguió bajo su autoridad. Su madre conservaba en su interior el recuerdo de todo aquello. Jesús iba creciendo en saber, en estatura y en el favor de Dios y de los hombres.

Comentario

María es Madre de Jesús, y San José asume el papel de padre en el hogar de Nazaret. La Sagrada Familia queda constituida, en apariencia, como un hogar normal y corriente.

La vida de familia en el hogar de Nazaret hubo de desenvolverse de forma natural, según las costumbres y tradiciones del pueblo de Israel en aquel tiempo. Respeto y sumisión del hijo a sus padres, profunda cohesión entre los miembros de la familia en la tarea común; cada hogar era una pequeña empresa familiar en el oficio propio.

Dentro de esa intensa vida familiar, Jesús se dispone para su misión posterior, y deja entrever que su vocación, "ocuparse de las cosas de su Padre", está por encima aunque en armonía con su dedicación familiar.

En efecto, Jesús dedica gran parte de su vida, según parece, a la familia. Es fácil deducir el alto valor que le concede a esta institución. Se trata de una obra promovida por Dios, que bendijo a la primera pareja e inclinó a la persona humana a cultivar los valores propios del ámbito familiar.

No por nada es ésta una institución que sigue vigente hasta el día de hoy. La contención afectiva que un niño necesita para crecer sólo puede hallarla en el ámbito familiar, y el ejemplo de sus padres serán los pilares de su futura conducta. El sentido de la convivencia y del compartir también se aprenden en el círculo hogareño. La familia tiene que ser la mejor escuela de todos los valores humanos y, por supuesto, cristianos.

Jesús mismo eleva a la categoría de Sacramento al matrimonio o alianza en el amor de los esposos.

En la formación cristiana y transmisión de la fe, le compete a la familia una función decisiva: debe ser maestra de la fe y educadora en todas las actitudes positivas. Tarea que no se refiere tanto a comunicar conocimientos, sino vivencias y·sentimientos.

La familia debe estar abierta a las nuevas adquisiciones en la forma de relación y en cuanto al ejercicio de la autoridad. La igualdad, el respeto, la comprensión, la confianza y el diálogo continuo deben gobernar las relaciones entre padres e hijos y entre los esposos.

La responsabilidad que implica sostener una familia debe ser compartida por todos sus miembros, a fin de que todos valoren el bien que significa. Las desavenencias de algunas familias no significa que la institución familiar sea necesariamente mala, sino que deben tomarse en cuenta los factores que quiebran la armonía y el amor, tanto sean externos como personales.

San Lucas 11, 27–29

Mientras Jesús decía estas cosas, una mujer de entre la gente le dijo gritando: ¡Dichoso el vientre que te llevó y los pechos que te criaron!

Pero él repuso: Mejor, ¡dichosos los que escuchan el mensaje de Dios y lo cumplen!

Comentario

Jesús no desautoriza la alabanza espontánea y sencilla que una mujer del pueblo les dirige a Él y a Su Madre. Simplemente, aprovecha la oportunidad brindada para poner de relieve un nuevo aspecto o razón de la grandeza y dignidad de su Madre: la fidelidad en la acogida de la palabra de Dios y su cumplimiento.

A la vez, estimula a sus seguidores, siendo esto aplicable a todos nosotros, que podemos ser dichosos si escuchamos la palabra de Dios y la cumplimos.

En su designio de amor hacia el hombre, Dios se comunicó con nosotros. Esto implica una condescendencia inimaginable; sobre todo considerando que lo realiza con las palabras más sencillas; y siempre con respeto ilimitado a la libre respuesta de la persona humana.

Jesús expone al mundo su mensaje de liberación y realiza su propia entrega en el supremo gesto de amor: pasión y muerte, para resucitar glorioso y hacer posible la esperanza en el mundo.

La Palabra escrita de Dios

Dios ha querido que tengamos constancia escrita de los dichos y hechos de Cristo, que nos legaron los evangelistas y escritores sagrados.

El Evangelio de Jesús es un mensaje de vida y esperanza para todos. En él tienen eco las aspiraciones más elevadas del hombre. Todos los derechos humanos que reivindicamos actualmente están presentes: la fraternidad, la igualdad, la libertad, la justicia, la paz, el amor, como una síntesis elocuente o programa siempre actual de vida.

La Palabra de Dios está siempre viva, mantiene su actualidad a través del tiempo, porque responde a las necesidades más acuciantes del ser humano. Por eso es la mayor fuente de sabiduría y el camino de realización en lo humano y en lo cristiano. Ofrece, pues, las más ricas posibilidades para la reflexión y la oración.

La Biblia tiene que ser no un mero objeto de adorno en los hogares cristianos, sino un libro que se estima en todo su valor, que se lee y se practica.

San Mateo 13, 53–58

Cuando acabó estas parábolas, se marchó Jesús de allí, llegó a su pueblo y se puso a enseñar en aquella sinagoga. La gente decía asombrada:

—¿De dónde saca éste ese saber y esos milagros? ¿No es el hijo del carpintero? ¡Si su madre es María y sus hermanos Santiago, José, Simón y Judas! ¡Si sus hermanas viven todas aquí! ¿De dónde saca entonces todo eso?

Y aquello les resultaba escandaloso. Jesús les dijo:
—Sólo en su tierra y en su casa desprecian a un profeta.

No hizo allí muchos milagros por la falta de fe.

Comentario

Es cierto que nadie es profeta en su tierra. Por un mecanismo que quizá sea psicológico, los seres humanos tendemos a desvalorizar lo que nos es muy cercano y familiar, así como a enaltecer todo lo que nos parece lejano y misterioso.

Jesús deseaba liberar a su pueblo, pero éste al principio no quería escucharlo, sencillamente porque creían conocerlo, creían que por saber que era hijo de éste y hermano de aquél realmente lo conocían. Y no era así.

Dejando a un lado lo religioso, y entrando en el terreno de lo mundano, los argentinos cuentan con un ejemplo muy claro de esta manera de proceder: el gran músico Astor Pantaleón Piazzolla, que revolucionó el tango –la música ciudadana argentina por excelencia– era catalogado en su país como un deformador de la música tradicional del pueblo. Mientras tanto, sus partituras hacían furor en Europa y en el resto de América, donde era considerado uno de los músicos más grandes del siglo.

Su segundo nombre, Pantaleón, quizás haya marcado el destino de este gran hombre, tan incomprendido entre los suyos. En efecto, la historia de San Pantaleón tiene muchos puntos en común con la del gran músico. Nacido en el año 282, hijo de un alto senador romano y de una mujer de familia patricia, desde niño tuvo los mejores profesores de literatura, y estudió medicina con Eufrosino, sabio ermitaño cristiano y médico del propio emperador.

Cierto día, mientras Pantaleón y Eufrosino

conversaban en la cueva donde este último habitaba, llegó un padre desesperado con un niño en brazos que se estaba muriendo por la mordedura de una serpiente. Pantaleón lo revisó y se dio cuenta de que ya nada podía hacer para evitar la muerte del niño, que en ese momento daba sus últimos suspiros. Cuando estaba por comunicárselo al padre, el ermitaño elevó los brazos al cielo y dijo: "En el nombre de Cristo Jesús, que la salud vuelva al cuerpo de este niño y la paz al corazón de su padre". Dicho esto, el niño revivió y Pantaleón se convirtió.

Desde entonces, cada vez que se le presentaba un caso desesperado o imposible, Pantaleón oraba al Señor y sus oraciones producían curas milagrosas. En el año 303, el santo vendió todos sus bienes, que eran muchos, y repartió el importe entre los necesitados.

Su fama de médico cristiano se extendió muy pronto. Quienes eran desahuciados por los magos y adivinos, acudían a Pantaleón, que, si no los curaba con su ciencia, lo hacía con sus oraciones en el nombre de Cristo.

Entonces comenzó a ser perseguido por los médicos de la época, quienes no podían comprender que alguien curase sólo por medio de rezos y oraciones.

Finalmente, el mismo emperador Galerio ordenó su arresto. Antes de pedirle que se postrara ante los ídolos, Galerio decidió ponerlo a prueba. Hizo traer a un paralítico incurable y lo hizo ver por los mejores médicos romanos. Uno a uno todos fueron dándose por vencidos, hasta que le llegó el turno a Pantaleón. Luego de un examen cuidadoso, el santo dijo: "En el nombre de Cristo, levántate. Quedas libre de tu enfermedad". El hombre recogió sus cosas y se fue dando gracias a Dios por haber sido curado.

La tortura o el destierro: El destino de los profetas precursores

Galerio se dio cuenta de que Pantaleón no iba renegar de su fe, y de que iba a difundirla entre los hombres, por lo que comenzó a torturarlo con látigos terminados en puntas de metal y hierros candentes. Como Pantaleón resistía con dignidad, a los pocos días fue enviado a la arena del circo para ser devorado por los leones. Cuentan que al principio, las fieras se abalanzaron sobre él, pero a los pocos segundos se detuvieron y se quedaron mansamente rodeando a Pantaleón y dándole signos de afecto.

Harto de tantos fracasos, Galerio ordenó que lo ataran a un poste, lo flagelaran y decapitaran. El poste era un tronco seco de olivo. Cuando la sangre del mártir llegó a la tierra, el olivo comenzó a revivir.

Salvando las distancias las vidas de San Pantaleón y de Astor Piazzolla tienen un evidente paralelismo. El músico argentino no podía ir a su país sin que sus colegas y amantes del tango lo trataran de traidor y deformador de la música popular. Astor Pantaleón Piazzolla debió vivir muchos años en el exilio y sólo en la última etapa de su vida recibió cierto reconocimiento.

Actualmente, y luego de su muerte, su música es difundida por todas partes, dentro y fuera de la Argentina; y nadie es capaz de negar que sus compo-

siciones evocan como ninguna otra la geografía pinto-
resca de Buenos Aires y el alma nostálgica de los por-
teños. Piazzolla nunca renegó de la fe en lo que hacía. Hoy, ya muerto, es profeta en su tierra. Y su música encierra un gran contenido espiritual, aunque él
no haya sido un fervoroso creyente.

El ejemplo de los primeros cristianos

Nada mejor que releer las vidas y obras de
los primeros cristianos –además de las de Cristo– para comprender el rechazo que siempre ocasiona en la
gente un mensaje nuevo y revelador.

No es sencillo conocer a otro ser humano,
por más próximo que se encuentre. Si esto es ya dífi-
cil, aun más lo es comprender determinados aspectos
de la naturaleza divina.

Ante esta realidad, la mejor actitud de vida es
mantener un constante respeto por nuestros semejantes,
aunque nos resulten extraños o distintos a nosotros.

María fue, respecto de esta problemática de
todos los tiempos, el mayor ejemplo de humildad y sabiduría que nos ha legado Dios en la historia humana.

No sólo su aceptación y entrega a Dios fue
absoluta, sino que recibió a su Hijo dentro de su vientre y de su corazón.

La maternidad, en el caso de María, se evi-
dencia plenamente como un servicio, un servicio
prestado no sólo a un nuevo ser humano, sino, por
medio de Él, a toda la humanidad.

Tanto María y Jesús como San Pantaleón, y

muchos hombres y mujeres de buena voluntad, concibieron su vida al servicio de los demás, aunque ese servicio implicara el escarnio, el desprecio de los ignorantes, la incomprensión y la tortura.

San Lucas 2, 27–36

Cuando los padres de Jesús entraban para cumplir con el niño lo previsto por la Ley, Simeón lo tomó en brazos y bendijo a Dios diciendo:

Ahora, Señor, según tu promesa,
despides a tu siervo en paz,
porque mis ojos han visto a tu Salvador;
lo has colocado ante todos los pueblos
como luz para alumbrar a las naciones,
y gloria de tu pueblo, Israel.

Su padre y su madre estaban admirados por lo que decía del niño. Simeón los bendijo, y dijo a María, su madre:

—Mira: éste está puesto para que todos en Israel caigan o se levanten; será una bandera discutida; mientras que a ti una espada te traspasará el corazón; así quedará patente lo que todos piensan.

Comentario

La actitud de Simeón tiene mucho que enseñarnos. Ni por un momento duda de que el Niño es el Mesías, el Hijo de Dios, y su fe absoluta le permite prever el destino de gloria que Dios le ha asignado entre los hombres.

A veces los padres desconfían demasiado, incluso de sus propios hijos, sin tener en cuenta que si se les ha dado una buena formación, difícilmente equivoquen el camino.

Comentaré aquí brevemente la historia de un amigo, hijo de una familia muy católica de Valencia, que debió enfrentar la desconfianza de los suyos cuando decidió convertirse en bailarín de flamenco.

Su nombre es Pedro, y a los diecisiete años, al terminar sus estudios secundarios, se dio cuenta de que amaba el flamenco y estaba dispuesto a convertirse en bailarín profesional, aun sabiendo que se trataba de una carrera muy dura y competitiva.

Pedro era devoto de la Virgen del Carmen, y a Ella se encomendó para triunfar en su carrera.

Mientras tanto, en la familia estallaba el pánico. Los padres eran gente sencilla y humilde, y estaban llenos de prejuicios respecto de la danza. La madre consideraba que el baile era una pérdida de tiempo y que nunca llegaría a nada dedicándose a él en forma exclusiva. Por su lado, el señor Malbrán, su padre, puso el grito en el cielo, pues sentía mucha desconfianza por ese ambiente, al que consideraba lleno de perversión y ámbito propicio para la circulación de drogas.

En vano trataba Pedro de explicarles que él no quería drogarse ni tratar con mala gente, sino simplemente bailar.

Los años pasaron y Pedro, lejos de su casa y

del afecto de los que más lo amaban, casi no tenía contacto con su familia.

Una mañana, el señor Malbrán leía el periódico cuando la "madalena" que estaba comiendo se le atravesó en la garganta. En grandes titulares a doble página, se anunciaba el estreno de la obra que había aplaudido toda España: "Andalucía canta". En la compañía figuraba, entre otros bailarines, Pedrito Malbrán.

Cuando la madre vio el periódico no pudo evitar que los ojos se le humedecieran de placer y de orgullo, mientras su marido se acomodaba la corbata como si lo estuviese ahogando.

Esa misma noche, los dos sacaron del placard sus únicas prendas de gala y fueron a ver la obra en la que actuaba su hijo.

No hace falta relatar la emoción de esos padres al admirar las proezas de Pedro en el escenario, ante miles de personas que aplaudían hasta el cansancio.

Cuando la obra terminó, el matrimonio Malbrán pidió ver a su hijo en los camarines, y allí, en medio de pelucas, sedas y lentejuelas, se abrazaron los tres inundados por la emoción.

"Desde el principio me encomendé a la Virgen, madre, como tú me enseñabas cuando era niño, y Ella nunca me negó sus favores: siempre que sentía flaquear las fuerzas, allí estaba María para apuntalarme."

En estos momentos, Pedro está de gira por Europa en uno de sus incontables espectáculos, y siempre que viene a la Argentina va a rezarle a la Virgen del Carmen. Sin embargo, por unos feligreses, se enteró de la existencia de la Virgen Desatanudos, a la que fue a visitar por curiosidad. Cuando vio el cuadro se quedó anonadado por la belleza de la imagen, y le dedicó una hora de oración en silencio.

Ahora, cada vez que viene a la Argentina visita a Nuestra Señora Desatadora de Nudos, a la que agradece el no haberlo abandonado nunca y el haber recuperado la confianza de sus padres.

San Mateo 25, 1–13

Entonces se parecerá el reinado de Dios a diez muchachas que tomaron sus candiles y salieron a recibir al novio. Cinco eran sensatas y cinco eran necias. Las necias, al tomar los candiles, se dejaron el aceite; las sensatas, en cambio, llevaron alcuzas de aceite además de los candiles.

Como el novio tardaba, les entró sueño a todas y se durmieron. A media noche se oyó gritar: ¡Que llega el novio, salid a recibirlo!

Se despertaron todas y se pusieron a despabilar los candiles. Las necias dijeron a las sensatas: dadnos de vuestro aceite, que los candiles se nos apagan.
Pero las sensatas contestaron: Por si acaso no hay bastante para todas, mejor es que vayáis a la tienda a comprarlo.

Mientras iban a comprarlo llegó el novio: las que estaban preparadas entraron con él en el banquete de bodas, y se cerró la puerta. Cuando por fin llegaron las otras muchachas, se pusieron a llamar: Señor, señor, ábrenos.

Pero él respondió: Os aseguro que no sé quiénes sois.

Por tanto, estad en vela, que no sabéis el día ni la hora.

Comentario

Cada ser humano tiene como tarea ineludible configurar su propio ser personal y social, con un sitio propio entre los demás, y que nuestras cualidades no sólo estén al servicio propio sino al del bien común. Tanto Jesús como María han llevado ese principio hasta las últimas consecuencias, encarnando la inmensa sabiduría de Dios.

Si no estamos preparados para la vida y las exigencias que ésta nos impone en nuestros tiempos, difícilmente podamos alcanzar nuestros objetivos, ya sean laborales, profesionales o amorosos.

"La niña más bella del mundo sólo puede dar lo que tiene para dar", dice una letra de rock famosa. Aquello que cultivamos en nosotros mismos será lo que proyectaremos socialmente.

La historia moderna de dos hermanas parafrasea a la perfección la parábola bíblica. Sara y Estela son dos mujeres que actualmente rondan los cuarenta años. Las dos crecieron en una familia muy pero muy pobre, que vivía en un barrio carenciado de Buenos Aires. A pesar de las tremendas limitaciones en las que crecieron, las dos eran despiertas y querían ante todo poder salir de la pobreza en que se habían criado, y que sus futuros hijos tuvieran todo lo que a ellas les había faltado.

Sara decidió que quería ser actriz y vivir en medio del glamour, la fama y la admiración. Abandonó la secundaria a los 15 años y comenzó a estudiar teatro y danza.

Estela, por su parte, pensaba que el dinero había que ganárselo trabajando duro, y se puso a estudiar dactilografía y taquigrafía en una academia de renombre. Para pagar sus estudios, trabajaba de doméstica en distintas casas y oficinas, algo que Sara nunca hubiese estado dispuesta a hacer, porque ella –decía– había nacido para otra cosa.

Sara pronto conoció todas las dificultades del ambiente artístico, hasta que consiguió un papel secundario en un teatro de revistas. Ella hacía lo posible para destacarse y hubiera tirado a la vedette principal por las escaleras para poder ocupar así su lugar.

Estela, en cambio, prefería una vida sencilla, y estudió y trabajó sin descanso durante años. Sin embargo, llevaba consigo una tristeza muy profunda, porque, a raíz de una pelea acontecida años atrás, había dejado de verse con su hermana predilecta y la extrañaba muchísimo.

Ahora tenía un nuevo empleo muy bien pago, que le permitía ayudar a toda la familia, y un novio del que estaba muy enamorada, pero el recuerdo de su hermana no la dejaba ser completamente feliz.

Un día decidió olvidar su orgullo e ir a buscarla. Sara ya no estaba en los lugares que solía frecuentar, pero Estela siguió en su busca infatigable, durante meses. Nadie sabía nada de ella, y a nadie parecía importarle tampoco.

Una noche salía del cine con su novio y vio a

una mujer que llamó su atención. Tenía una gran cabellera rojiza, tacos altísimos, minifalda y la cara muy pintada. Pero ni ése ni ningún otro disfraz podían esconder los rasgos que ella conocía tan bien. Era Sara. De lejos parecía estar muy bella y en forma, pero no bien se acercó, vio las ojeras profundas que le rodeaban los ojos y la mueca de disgusto que le afeaba la cara.

Estela se paró delante de ella, sin decir nada, y Sara le devolvió una mirada vacía. El dolor se apoderó de Estela con una inmensa violencia y la abrazó, llorando, sin poder contenerse. Sara le contó luego por todo lo que había pasado, sus fracasos, sus sueños rotos. ¡Ella, que había sido siempre la más resuelta, la más simpática y seductora! Ahora era una caricatura de sí misma, sin fe en nada y casi sin ganas de vivir.

Estela le dijo entonces que todos nos equivocábamos, porque somos humanos, pero que no era necesario reincidir una y otra vez en el error.

Pero Sara no entendía razones, su vida estaba –según ella– acabada, y ya no esperaba nada más que sobrevivir y poder beber unas cuantas copas todas las noches. Su vida se limitaba a eso.

El dolor de Estela era infinito, pero sabía que nada podía hacer por ella hasta que no recuperase la fe en sí misma y en el Creador. Por esos días se enteró por televisión de la existencia de la Virgen Desatadora de Todos los Nudos, y decidió pedirle ayuda. Todos los 8 de cada mes, Estela se postraba ante la hermosa imagen de la Virgen y le pedía que intercediese ante Dios por su hermana, pues ella sabía que en el fondo era una buena persona y no se merecía semejante suerte.

Tres meses después, un domingo al mediodía, tocaron a la puerta de Estela, que alquilaba una nueva casa con su flamante marido. Era Sara.

Estela la recibió con los brazos abiertos y le prometió hacer todo lo posible para ayudarla, sin saber, quizás, que ya había hecho lo más importante.

San Marcos 3, 31-35

Llegaron su madre y sus hermanos, y desde afuera lo mandaron llamar. Tenía gente sentada alrededor, y le dijeron: Oye, tu madre y tus hermanos te buscan ahí afuera.

Él les contestó: ¿Quiénes son mi madre y mis hermanos?

Y paseando la mirada por los que estaban sentados en el corro, dijo: Aquí tenéis a mi madre y mis hermanos. El que cumple la voluntad de Dios, ése es hermano mío y hermana y madre.

Comentario

Cristo se constituye en la cabeza de la nueva humanidad. Su obra se orienta hacia la formación del pueblo de Dios, fiel a su memoria por la fe y depositario de su acción salvadora. La Iglesia queda instaurada como un organismo vivo, cuyo principio vital es el mismo Cristo.

La Virgen María es Madre de Cristo, cabeza

de la Iglesia; por eso lo es también de todos nosotros. Su maternidad espiritual comienza a ejercerla desde el momento en que, por voluntad de Dios, concibe a Jesús. Es nuestra Madre en el orden de la gracia porque cooperó en forma decisiva en el plan divino de salvación: hizo posible nuestro nacimiento a la vida eterna.

La alusión más antigua a María se encuentra en San Pablo: "Dios envió a su hijo nacido de una mujer". Y esto habla elocuentemente de la importancia del rol femenino.

En comparación con la rigurosa reserva del judaísmo de la época, las relaciones de Jesús con las mujeres presentan una libertad muy singular. Es recibido en casa de Marta y María, célibes, y su amistad con ellas se manifiesta en la resurrección de su hermano Lázaro. Cuando sus discípulos lo encuentran en Sichem, en los pozos de Jacob, conversando con una samaritana, "se asombran de verlo hablar con una mujer", aunque no dicen nada al respecto.

La superación de las barreras se produce en las condiciones más sorprendentes, pues los samaritanos eran considerados enemigos por los israelitas, por haberse desviado de la tradición religiosa judía (la parábola del buen samaritano no habla de la bondad de ese pueblo, sino de una excepción a la regla).

Pero el mensaje de Jesús se dirige a las mujeres extranjeras, como en ese desconcertante acercamiento a una samaritana, "cismática" para un judío, así como en las curaciones milagrosas concedidas a la hija de un cananeo.

En efecto, la subversión de la jerarquía tradicional tiene lugar en beneficio de los más despreciados: los pobres, los enfermos, las mujeres, los esclavos, los extranjeros.

"En verdad os digo que los publicanos y las meretrices se os adelantan en el Reino de Dios", espeta Jesús a los grandes sacerdotes y a los ancianos del Templo.

Un célebre episodio ilustra esta sentencia: la unción del perfume por una pecadora, para escándalo de los huéspedes fariseos de Jesús, y el perdón acordado a esta mujer "porque ha amado mucho".

En esta misma línea se inscriben el perdón de la mujer adúltera y la disuasión de los acusadores masculinos, así como en el mensaje confiado a la samaritana, casada cinco veces, y que vivía por entonces en concubinato.

Hasta la mancha misma de las mujeres es superada: la mujer afectada de hemorragia consigue curarse, gracias a la fe, tocando el borde del manto de Jesús. Jesús también tiene piedad de las mujeres más desprotegidas, de las viudas que protegía la Ley: resucita al hijo único de la viuda de Naím, como otrora a Elías, el hijo de la viuda de Sarepta, y más que a los ricos que depositan sus ofrendas en el Tesoro del Templo, alaba a la pobre viuda por sus dos pobres monedas.

La misericordia de Cristo y su amor por los desprotegidos y despreciados es ejemplo y símbolo de la infinita Justicia Divina. Y la mujer, a partir del nacimiento del Hijo de Dios, conocerá de una vez para siempre la dignidad de su ser.

La Iglesia, la familia de todos

Actualmente se están superando muchos de los prejuicios e ideas equivocadas que con mucha frecuencia se tenían de la Iglesia. Es cierto que la historia de la Iglesia católica tiene muchos capítulos negros en su haber: abusos de autoridad, discriminación, violencias. Sin embargo, debemos entender que la Iglesia tiene su origen divino en el Fundador, y es Jesús el único ser superior libre de mácula. El resto de los que la componen son hombres, pasibles de caer en el pecado.

La Iglesia no es otra cosa que la familia o congregación de todos los creyentes y seguidores de Jesús. En ella y a través de ella se prolonga su acción liberadora, a pesar de los errores humanos. Así, el nuevo Pueblo de Dios vive en la unidad de la fe y, animado por el Espíritu de Jesús, camina hacia su destino definitivo, la verdadera tierra prometida: la casa de Dios.

San Juan 19, 25–28

(Jesús, a punto de morir en la Cruz, nos encomienda a la tutela de María; nos la da como Madre a todos; es el más espléndido regalo y herencia que podía dejarnos.)

Estaban junto a la cruz de Jesús su madre, la hermana de su madre, María la de Cleofás, y María Magdalena.

Al ver a su madre y a su lado al discípulo preferido, dijo Jesús: Mujer, ése es tu hijo.

Y luego al discípulo: Ésa es tu madre.

Desde entonces el discípulo la tuvo en su casa.

Comentario

Jesús aparece en el mundo en una situación que nada tiene que ver con el privilegio: prescinde del poder, del prestigio, de la imposición de su mensaje a base de argumentos de fuerza o concluyentes.

La Virgen María irá asumiendo ese estilo de Jesús, que ciertamente es extraño a su mentalidad israelita, tan fiel a la tradición y a los conceptos que sobre el Mesías y su modo de proceder eran corrientes.

María rompe junto con Jesús todos los esquemas de la época, enfrentándose al escarnio y al dolor, igual que Él.

Sin embargo, recién en el siglo XII surgió la devoción mariana; antes, sencillamente no existía. A partir de ese momento los hombres comenzaron a rezarle con fervor a María, le confiaron sus faltas más inconfesables y le dedicaron sus poemas. Cuando decimos hombres, nos referimos a las personas del género masculino, pues todavía en esa época no estaba bien visto que las mujeres fueran devotas de María.

Difícilmente se encontrará hasta el siglo XII que una mujer se dirija por sí misma a la "bendita entre todas", o que simplemente pida la intercesión de María en beneficio suyo o de una de sus semejantes.

Cuando, en el siglo X, la monja alemana Roswitha compone una plegaria a la Virgen, la pone en boca de Teófilo, liberado por María de un pacto con el diablo.

Esta costumbre es relativamente moderna, y ha revolucionado la fe de muchas mujeres.

De los cuatro grandes dogmas de que la Iglesia la rodea: Maternidad Divina, Virginidad, Inmaculada Concepción y Asunción, los dos últimos sólo se promulgaron en los dos últimos siglos (1854 y 1950), incluso cuando las teorías acerca de la Virgen hayan desatado pasiones desde mucho antes, desde el siglo XI o incluso desde el VIII.

Actualmente, las mujeres son las principales promotoras de la fe mariana, otorgándole un vigor inusitado a la Iglesia.

Pero debieron pasar muchos siglos para que el mensaje de Jesús fuera realmente comprendido: de acuerdo con el Evangelio de San Juan, Jesús le encomienda la humanidad a Ella, que a partir de ese momento se convierte en la Madre de todos los cristianos. Por eso Ella es también nuestra mediadora e intercesora más eficaz.

Dice el Concilio Vaticano II: "María en la Iglesia ocupa el puesto más alto después de Cristo y, a la vez, el más próximo a nosotros" (LG 54).

Queda expresada la concepción orgánica de la figura de María dentro de la Iglesia:

• Asociada a su Hijo Jesús, colaborando con el plan salvador.

• Iglesia como familia completa, con la función maternal de María.

•El valor de la ternura, lo entrañable, calor humano, conjugado en la figura femenina y maternal de María: realidad inestimable y con clara referencia a la promoción justa de la mujer.

La devoción popular

El Concilio Vaticano II ha recogido la intuición y el sentir del pueblo cristiano en el aprecio y devoción a María, y les ha dado la validez y prestancia junto a la devoción hacia Jesús:

•Frente a excesos, desviaciones y fanatismos, centra la devoción a María en lo fundamental: motivaciones, alcance y finalidad.

•Frente a regateos y postergación, proclama la alta dignidad de la figura de María y su excelsa misión, promoviendo su devoción dentro del misterio eclesial.

•La propone como ejemplo y modelo de seguimiento y fidelidad a Dios. La perfección se encuentra en la unión con Jesús, Hijo de María.

El cristiano traslada el valor y el significado de la madre en el orden natural, a la figura de María como Madre en el orden espiritual. Es lógico entonces que la devoción mariana se sitúe en un nivel alto de cordialidad, más en la línea afectiva, y con proyecciones ricas en sensibilidad, ternura y amor confiado.

San Juan 2, 1–11

Dos días después hubo una boda en Caná de Galilea y la madre de Jesús estaba allí; invitaron también a la boda a Jesús y a sus discípulos.

Faltó el vino y le dijo su madre: No les queda vino.

Jesús le contestó: ¿Quién te mete a ti en esto, mujer? Todavía no ha llegado mi hora.

Su madre dijo a los sirvientes: Haced lo que él os diga.

Había allí seis tinajas de piedra de unos cien litros cada una, como lo pedían los ritos de purificación de los judíos.

Jesús les dijo: Llenad las tinajas de agua.

Las llenaron hasta arriba. Luego les mandó: Ahora sacad y llevádselo al maestresala.

Le llevaron al maestresala. Éste probó el agua convertida en vino sin saber de dónde venía (los sirvientes sí lo sabían, pues lo habían sacado ellos); entonces Jesús llamó al novio y le dijo:

—Todo el mundo sirve primero el vino bueno, y cuando la gente está bebida, el peor; tú, en cambio, te has guardado el bueno hasta ahora.

Así, en Caná de Galilea comenzó Jesús sus

señales, manifestó su gloria, y sus discípulos creyeron más en él.

Comentario

La figura de María no queda suficientemente aclarada por su relación con Dios. Hay que pensarla también referida a los hombres. Es la forma de comprender su presencia activa al lado de Jesús y de su obra en favor de la humanidad. Su persona disponible, su misión aceptada, como vocación de entrega, la sitúan en relación estrecha con el ejemplo que Jesús desea dar a los hombres.

La preocupa la gente en la perspectiva de la obra de su Hijo y su resultado: poco a poco, la gente va tomando su posición respecto a Jesús. María goza de la adhesión y admiración de los discípulos y las gentes sencillas; se siente turbada por la oposición de las autoridades religiosas y observa cómo el conflicto se hace inevitable, hasta desembocar en el sacrificio de Jesús.

Pero la tarea de María junto a Él fue sólo el comienzo de su preocupación y actuación en favor de toda la humanidad. Su vida fue y es para los demás, al igual que la de su Hijo Jesús. Por eso tiene tanta significación el episodio de las bodas de Caná: su papel al lado de Cristo, como intercesora, ya lo sentía así la comunidad creyente desde sus primeros tiempos.

Hoy cuida de los hermanos de su Hijo, que siguen necesitando de su mano y de su presencia alentadora.

La necesitamos para descubrir qué significa

Jesús, el mensaje de Dios, para conocer el camino que nos guíe a Su verdad.

San Lucas 10, 38–42

Por el camino entró Jesús en una aldea, y una mujer de nombre Marta lo recibió en su casa. Ésta tenía una hermana llamada María, que se sentó a los pies del Señor para escuchar sus palabras. Marta, en cambio, se distraía con el mucho trajín; hasta que se paró delante y dijo:

—Señor, ¿no se te da nada de que mi hermana me deje trajinar sola?

Pero el Señor le contestó: Marta, Marta, andas inquieta y nerviosa con tantas cosas: sólo una es necesaria. Sí, María ha escogido la mejor parte, y ésa no se le quitará.

Comentario

Al igual que la vida ejemplar de María, nunca deja de sorprender la sabiduría de los mensajes de Jesús. En efecto, cuántas veces perdemos la calma y nos ponemos de mal humor por cosas nimias que vivimos como problemas. Si nos ponemos a pensar, son poquísimas las cosas que revisten urgencia, si es que realmente hay alguna. Inmersos en el trajín cotidiano, sucede con frecuencia que olvidamos lo que es realmente importante, para nosotros y para los demás. Vemos el arbolito, pero perdemos de vista el bosque.

Para graficar esta falencia que tantos de nosotros padecemos, contaremos una anécdota vivida por Mabel, una mujer argentina, que resultará esclarecedora.

Mabel y su marido habían logrado reunir el dinero para irse de vacaciones con sus dos hijos. Estaban exultantes de alegría, pues eran las primeras vacaciones que tenían en años. El día anterior a la partida, la casa era un caos de bolsos, valijas, ropa y provisiones, y Mabel estaba exasperada por todo lo que debían ordenar antes de partir. Tanto es así que el llanto de Cristina, la hija menor de la pareja, de un año y medio, pasó inadvertido entre el caos familiar. Mabel había decidido dejarla llorar para seguir poniendo orden en la casa.

Media hora antes de partir, los dos padres se abocaron a calmar a la criatura, que seguía llorando sin consuelo, algo que no era habitual en ella, pues era una beba muy tranquila.

Finalmente decidieron salir igual, atribuyendo la alteración de Cristina a la excitación del viaje. Pero en el ómnibus que los llevaba hacia la costa la beba siguió llorando y los padres se alarmaron. Entonces decidieron bajar del micro, en plena madrugada, y hacerla ver por un médico pediatra.

Así descubrieron que la niña estaba sufriendo una apendicitis aguda, y que su vida pendía de un hilo. Los padres, desesperados, se pusieron a orar fervorosamente mientras era operada de urgencia, rogándole a Dios que los perdonara por su negligencia y falta de visión. Gracias a Dios, la niña logró sobrevivir, pero el traumático episodio cambió para siempre la mentalidad de los padres, que desde ese día se prometieron ser menos ciegos y egoístas.

San Mateo 5, 1–10

Dichosos los que eligen ser pobres,
porque ésos tienen a Dios por Rey.
Dichosos los que sufren,
porque ésos van a recibir el consuelo.
Dichosos los no violentos,
porque ésos van a heredar la tierra.
Dichosos los que tienen hambre y sed de justicia,
porque ésos van a ser saciados.
Dichosos los que prestan ayuda,
porque ésos van a recibir ayuda.
Dichosos los limpios de corazón,
porque ésos van a ver a Dios.
Dichosos los que trabajan por la paz,
porque a ésos los va a llamar Dios hijos suyos.
Dichosos los que viven perseguidos por su fidelidad,
porque ésos tienen a Dios por Rey.

Comentario

Consumada la obra salvadora, con su humillación, dolor y muerte, Jesús entra en la exaltación gloriosa a la que estaba destinado por Dios Padre. La primera realidad es la Resurrección, con la que vence la muerte y la causa y raíz de ella, que es el pecado. Su cuerpo glorificado no está sujeto a ninguna ley ni condición limitadora en lo humano; queda liberado de las consecuencias del mal y muestra, en plenitud, la gloria y el poder de Dios.

Jesús es constituido "Señor" en el Reino de su Padre y en Él recomienza la historia, porque es el principio y el fin de todo lo creado.

María, a su vez, participa en la glorificación de Cristo, con el que vivió asociada hasta ese mismo momento. La tradición viva de la Iglesia así lo ha declarado oficialmente: María es glorificada por Dios en el misterio de su Asunción a los Cielos (verdad declarada el 10 de noviembre de 1950 por el papa Pío XII).

Ella es signo de nuestra gloria futura. Como primera creyente y miembro eximio de la Iglesia, es la primera en recibir la glorificación. A Ella nos abocamos todos los cristianos para acercarnos cada vez más al Señor, para que interceda por nosotros y nos guíe una y otra vez por la senda de la armonía con Dios.

CAPÍTULO V

Rituales previos
a asistir al santuario

En vísperas del jubileo del 2000, la devoción de los argentinos hacia la Virgen María sigue creciendo de una manera poderosa. Pero el fenómeno generado a partir de la entronización de la imagen de María Desatadora de Nudos supera todo lo que la Iglesia católica hubiera podido imaginar hace poco más de dos años, cuando el padre Rodolfo Arroyo decidió colocar el cuadro en la parroquia de San José del Talar o de Agronomía.

Cada día 8, más de cien mil fieles hacen largas filas en las cuadras aledañas al templo para poder tocar la imagen de la Virgen Desatadora de Nudos. El 8 de marzo de 1999, esos devotos estuvieron una hora -lo que tarda en avanzar la fila- a pleno rayo de sol, con una sensación térmica de 42 grados a la sombra.

Sin embargo, lo que no saben muchos fieles

que llegan por primera vez al templo de la calle Navarro al 2400, en Agronomía, es que hay rituales preparatorios que pueden hacerse antes de ir a visitar a la Virgen.

Aunque estos rituales no son indispensables para la lograr la intercesión de María, sino el fervor y la entrega espiritual con que se le reza, estos preparativos pueden ayudar a acercarnos a Ella y a lograr una mejor predisposición.

Uno de ellos es el rezo de la novena, que comienza, como lo indica el término, el noveno día anterior a la visita al santuario. Cada día se enciende una vela y se le reza a la Virgen, como lo hacemos habitualmente. También puede hacerse prendiendo una vela con nudos, que se apagará cada día al llegar a uno de ellos.

Las personas de fe más ferviente señalan que es imprescindible rezar el rosario diariamente. Incluso el padre Rodolfo no se cansa de señalar que la oración con fe es más importante que encender velas.

Otro ritual, no tan difundido pero al parecer muy eficaz, es el de los platitos o recipientes con la imagen pintada de la Virgen. Estos platitos son de cerámica y están pintados a mano, uno por uno. Cuando el hogar está sometido a tensiones de distinta naturaleza, o hay problemas entre algunos integrantes de la familia, puede llenarse uno de esos platitos con agua bendita y colocarlo debajo de la cama, en la noche, antes de irse a dormir. A la mañana siguiente se lo retira; si se observan pequeñas burbujitas, como las que pueden verse en un vaso con soda luego de dejarlo reposar unas horas, la purificación ha sido exitosa y las tensiones poco a poco irán desapareciendo del hogar. Este ritual debe ser practicado todos los días, si se quiere obtener un resultado permanente y duradero. Sin embargo, repetimos que estos procedimientos son secundarios en relación con el poder religioso y purificante de la oración, y no están avalados por la Iglesia.

Pero la parroquia de San José del Talar no sólo está abierta los días 8 de cada mes. El desfile de fieles es constante durante todo el año. El tercer miércoles de cada mes, especialmente, la iglesia se llena por la celebración de la misa carismática de sanación, que tiene lugar ese único día al mes. El horario de verano de esas misas es a las ocho de la noche, y en invierno a las siete de la tarde.

En la parroquia también se realiza el ritual carismático de imposición de manos.

"Gracias a la Virgen, me bajó la presión"

Muchos de los feligreses que acuden a la parroquia de San José del Talar son devotos también del padre Mario Pantaleo, de María del Rosario de San Nicolás, de la Virgen de Lourdes, de María Rosa Mística, de la Virgencita Santa Elena, de Nuestra Señora de los Milagros y de San Cayetano.

Pero todos ellos se encargan de señalar muy especialmente las cualidades milagrosas de la Virgen Desatanudos.

"A mí la Virgen me ha concedido todo lo que le he pedido. Estuve muy mal de salud, y aunque la conozco poco a esta Virgen, lo que me concedió ya me convenció de que es milagrosa. Tengo problemas de artrosis avanzada, pero lo peor es que los medicamentos me suben mucho la presión. La última vez la máxima me llegó a 20. En ese momento, cuando estaba tan desesperada que no sabía qué hacer, me decidí y le pedí a la Virgen que me ayudara, todos los días, y le prendía una vela con nuditos. Cada día se apagaba al llegar a un nudo, y al día siguiente yo la prendía de nuevo. Es increíble, pero a partir del primer día que empecé a rezarle, la presión me fue bajando. Ahora tengo la máxima en 12. El médico me felicitó", relató María Elena, una entrerriana residente en la localidad bonaerense de Quilmes. En su testimonio nos dejó saber que en su provincia, en la que vivió hasta hace poco, era devota de la Virgencita Santa Elena.

"Todo chico que estudie, y que además le pida a la Virgen, seguro que va a salir bien en todos los exámenes", aseguró Esther, servidora del Templo de Agronomía desde julio.

Muchos feligreses piensan que en muy poco tiempo el santuario llegará a ser casi tan importante como el de Luján.

"Yo vengo desde Valentín Alsina (localidad de la provincia de Buenos Aires, lejana del templo). Vengo con una fe terrible desde hace cinco meses. Una compañera de la escuela donde trabajo me trajo una estampita y vengo aquí con helada o aguacero para pedirle a la Virgen que me dé salud. Ya tuve ocho operaciones, a causa de un quiste hidatídico y ahora estoy mucho mejor. Creo que de no ser por la intercesión de María, mi cuerpo no podría haber soportado tantas pruebas y agresiones", dijo Herminda, también de la provincia de Buenos Aires.

Pero no son las mujeres las únicas que acuden al santuario y le dedican a la Virgen los rituales recomendados. Los hombres participan activamente de esta devoción mariana, y son muchos los que están agradecidos por la ayuda recibida de María.

"Yo tenía problemas de tipo sentimental, digamos. Y la Virgen me ha respondido. Me sentí muy realizado, y a raíz de eso sentí una especie de compromiso, y me dije que durante un año vendría sin falta todos los ocho. Lo hice en otra época también, cuando compré el taxi en el año ´78, en San Cayetano. Me lo habían entregado el 7 de agosto, y fuimos con mi señora a San Cayetano a agradecer; durante un año fui todos los meses. Era una promesa que queríamos cumplir. Los dos sabíamos que estas cosas no son fáciles, pero hay que luchar, porque si uno hace lo que corresponde, siempre se encuentra la salida", testimonió Roberto, del partido de San Martín, provincia de Buenos Aires.

"Nosotros somos dos hermanos, y nuestro padre es jubilado. En este momento ninguno de los tres tenemos trabajo. Hoy vengo a visitar por primera vez a la Virgen porque tengo muchísima fe en ella y estoy seguro de que nos va a ayudar. A la larga o a la corta, Ella nos va a ayudar", contó Marcelo, de Villa Bosch, que viajó en ferrocarril para llegar al templo.

"Venimos a pedirle trabajo"

Son muchos los que piden por trabajo a la Virgen Desatanudos, peregrinando al santuario cada día 8 o rezando en sus hogares.

Como todo lugar de peregrinación, las inmediaciones de la parroquia se han convertido en un sitio privilegiado para los vendedores de artículos religiosos. ¿Qué fiel puede negarse a invertir un peso para llevar estampitas a sus familiares, o dos pesos en un poster gigante de la Virgen, a todo color y en papel ilustración? También hay libritos, llaveros, crucifijos, velas, ajos con la estampita de San Cayetano, sahumerios, pulseras, rosarios, medallas, campanitas, pirámides, imágenes distintas de la Virgen Desatanudos, del Gauchito Gil (un hombre de vida ejemplar, a quien se le atribuyen muchos milagros), de San Francisco de Asís... Y a última hora, cuando cae la noche, ¡pueden conseguirse dos posters por un peso!

Los sacerdotes del templo piden a la gente que no les compre a estos vendedores, sino que privilegien la oración a los objetos. Quizás el mejor destino que podemos darle a una estampita sea regalársela a alguien que la necesite.

Son muchos los que se han acercado a la Virgen Desatanudos y han resuelto problemas muy difíciles gracias a que alguien tuvo el buen gesto de obsequiarle una estampita. Por eso esta práctica debería ser más común entre los devotos de María Desatanudos, porque, como dice la Biblia, quien hace algo pensando en el bien ajeno será doblemente recompensado.

Pero si de vendedores y comerciantes se trata, son miles los que acuden a la Virgen para que sus negocios no decaigan:

"Yo vengo desde el comienzo. Al padre Rodolfo lo conozco de pedirle la bendición. Cuando vine por primera vez, el quiosquito que tengo andaba muy mal, así que le pedí a la Virgen que por favor me ayudara a aumentar las ventas. Ahora, además de golosinas y cigarrillos, vendo productos de librería y algunos de almacén. Desde ya que no soy millonaria, pero puedo decir que estoy bastante mejor que hace un par de años. Por eso, en agradecimiento, siempre tengo en el mostrador libritos y estampas de la Virgen para regalar a toda la gente que viene. Es lo menos que puedo hacer", contó Estela, de Wilde, localidad de Buenos Aires alejada del templo.

La atención al público en Agronomía

Una ventaja de visitar este santuario es que no hay que tomar muchas previsiones antes de viajar. Por ejemplo, en San Nicolás, no hay baños públicos más que los de las confiterías, y los vecinos alquilan los de sus casas a un peso. En cambio, en Agronomía, hay instalados baños químicos a los que se puede acceder rápidamente, casi sin hacer fila.

En cuanto a las bebidas, necesarias para soportar el calor, los servidores de la parroquia procuran agua fresca en forma gratuita a todo aquel que lo pida. Hay uno o dos puestos de agua en cada cuadra. Por supuesto, para aquellos que pueden costearlo, también están los clásicos vendedores de bebidas gaseosas y agua mineral, a un peso por unidad. El más original de ellos ofrece con la lata de gaseosa, un abanico de regalo.

Dada la experiencia de los días más duros del verano, cuando la sensación térmica supera fácilmente los 42 grados, es aconsejable llevar al santuario un sombrero o pañuelo para cubrirse la cabeza. Nuevamente, para quienes puedan pagarlo, se venden pañuelos con la imagen de la Virgen estampada...

Muchos feligreses pueden llegar al templo tomando uno o dos colectivos, o el tren. Otros, que acuden desde el gran Buenos Aires, lo hacen en una camioneta, que alquilan entre varios. Los precios de los pasajes en estos vehículos oscilan entre los cinco y diez pesos o dólares. Por ejemplo, desde Quilmes se paga cinco pesos ida y vuelta. Y desde Monte Grande, ocho pesos.

A algunos les resulta mucho dinero, pero ahorran todo el mes para poder afrontar ese gasto. Incluso hay quienes han puesto en sus casas una pequeña alcancía junto a la imagen de la Virgen, en la que van depositando moneda tras moneda, hasta completar la suma.

"Lástima que no pueda venir más seguido... Por el dinero, siempre el dichoso dinero...", se quejó María Elena, de Quilmes, la señora de Entre Ríos a quien la Virgen le normalizó la presión arterial.

Los devotos famosos

Ella también comentó que hasta la gente más famosa de la televisión es devota de la Virgen, como las archiconocidas Araceli González, Carmen Barbieri o Ginamaría Hidalgo, quien todos los 8, o los domingos previos, concurre a la parroquia a cantar gratuitamente ante miles de fieles el "Ave María", de Schubert.

"Si los artistas famosos le piden a la Virgen, ¿cómo no le vamos a pedir nosotros?" se pregunta María Elena de Quilmes, con toda sinceridad.

Y los milagros se siguen sucediendo, y están mucho más allá del merchandising característico en estos casos. De todos los peregrinos entrevistados ni uno sólo dejó de expresar que ese y muchos otros sacrificios, como los largos viajes hasta el templo, valían la pena para orarle a María.

"Gracias a la Virgen, la nena de mi sobrino ya puede pararse y mover las piernitas. Tenía un retraso madurativo importante, y no reaccionaba a ningún estímulo. Los médicos ahora están asombrados por su evolución. Ahora habla, ya aprendió a decir mamá y papá. La nena se llama Valentina y tiene un año y medio. Su retraso madurativo era de ocho meses y ahora es de sólo tres meses. La Virgen es muy milagrosa, por eso vengo sin falta todos los 8", afirmó Nieves, del barrio porteño de Almagro.

Por otra parte, y considerando los símbolos representados en el cuadro, la especialidad de la Virgen Desatanudos es la unión familiar y amorosa. A todos aquellos que buscan la solución a sus problemas de familia o de pareja, María Desatanudos jamás les negará su gracia, el don de acercarnos a quienes amamos y nos aman.

Mirtha, del barrio de Flores, nos confesó: "Para mí es muy milagrosa, lo que le pedí me lo concedió, por eso vengo todos los 8. Yo le había pedido poder reconciliarme con mi novio; hacía tres meses que estábamos peleados y yo estaba muy mal, muy deprimida. Por suerte ahora volvimos a estar juntos y volví a encontrarle sentido a la vida".

Bajo el manto de María

Muchos van a pedir, pero son también muchos los que sólo van a agradecer por los favores recibidos.

"Siempre vengo a agradecer lo que la Virgen y Jesús me dan. Les agradezco todo. Porque ya vivir es un don que hay que agradecer. Claro que siempre hay enfermos por quienes pedir... Pero cuando es para mí, simplemente me encomiendo a Ella, sin pedirle nada. Ella ya sabe qué necesito. Y sobre todo, lo que le agradezco es que mi madre, que tiene 83 años, y mi padre, de 79, se despierten todos los días", nos dijo Pierina, vecina de Agronomía.

La Virgen, oriunda de Alemania y venerada en toda Europa, ha despertado ahora en la Argentina la devoción de muchos, y puede que sea en este cono sur del planeta donde más gracias esté esparciendo. Quizá porque es aquí donde más se la necesita y donde se le reza con el fervor más profundo y la entrega más sincera, en cada hogar, en cada vela, en cada oración.

CAPÍTULO VI

Oraciones
y alabanzas

Oración a María Desatadora de Nudos

Santa María, llena de la Presencia de Dios, durante los días de tu vida aceptaste con toda humildad la voluntad del Padre, y el Maligno nunca fue capaz de enredarte en sus confusiones. Ya junto a tu Hijo intercediste por nuestras dificultades y, con toda sencillez y paciencia, nos diste ejemplo de cómo desenredar la madeja de nuestras vidas. Y al quedarte para siempre como Madre Nuestra, pones en orden y haces más claros los lazos que nos unen al Señor. Santa María, Madre de Dios y Madre nuestra, Tú que con corazón materno desatas los nudos que entorpecen nuestra vida, te pedimos que recibas en tus manos a .... y que lo libres de las ataduras y confusiones con que lo hostiga el que es nuestro enemigo. Por tu

gracia, por tu intercesión, con tu ejemplo, líbranos de todo mal, Señora Nuestra, y desata los nudos que impiden nos unamos a Dios, para que, libres de toda confusión y error, lo hallemos en todas las cosas, tengamos en Él puestos nuestros corazones y podamos servirle siempre en nuestros hermanos.
Amén

¡María, que desatas los nudos, ruega por nosotros!

¿Quién es ésta que surge cual aurora naciente,
bella como la luna,
refulgente como el sol,
imponente como un ejército formando una batalla?
Cantar de los Cantares - Poema V - 10

María Purísima, Poderosa Señora revestida de la Luz de la Gracia, María de los pies descalzos que vas a nuestro lado y conoces las piedras del camino, oye el grito de nuestras angustias y que sea tu clamorosa voz elevada al Señor, que inclinará su oído a esta plegaria.

Abandonamos con confianza en tus manos, Señora del Amor Hermoso y de la Santa Esperanza, las pesadas ataduras que nos afligen, para que deshagas esos dolorosos nudos y los transformes en frutos de paz.

Así podremos decir con el Salmista: "Protégeme a la sombra de tus alas" (Sal. 16), porque el amor de tus cuidados "es más dulce que la miel", "exquisitos de aspirar son tus perfumes", "llévame en pos de Ti y tendremos alegría" (Cantar de los Cantares).

Porque Tú, Madre amantísima, ante cuyo Poderoso Nombre tiemblan las fuerzas del Maligno, eres el Lirio de los valles eternos, el Camino seguro.

> *¡Toda hermosa eres, María,*
> *y mancha no hay en Ti!.*
> *Cantar de los Cantares - Poema IV*

Cólmanos de tu amor, rodéanos de tu consuelo, ilumínanos con tu paz.
Amén.

Canción de alabanza

Ella es bendición,
Ella es devota de Él,
Es la tierna conexión
con que me acerco al Edén.

Y aquí estoy yo y no sé por qué
doy vueltas a la vida sin fin.
¿Es posible tener paz
sin caminar hacia Ti?

Estoy corriendo descalza
en un mundo sin sentido.
Pero Su palabra me alcanza
y me muestra Su camino.

Ella es la conexión,
Ella es la esencia de ti
Ella, que se concentra en Él
El que eligió para Sí.

Y aquí estoy yo y no sé por qué
doy vueltas a la vida sin fin.
¿Es posible tener paz
sin caminar hacia Ti?

Ella es recreación.
Ella, bendecida por Dios,
Tiene la lenta sensación
de levitar hacia el Señor.

Estoy corriendo descalza
en un mundo sin sentido.
Pero Su palabra me alcanza
y me muestra Su camino.

Oh, Dios, tu amor ha llegado a mí.

Novena a Nuestra Señora Desatadora de Todos los Nudos

Modo de rezarla

1. Hacemos la señal de la cruz.
2. Rezamos el Acto de Contrición. (Pedimos por nuestros pecados y hacemos el firme propósito de confesar nuestras faltas graves.)

3. Rezo del Santo Rosario: tres primeras decenas.
4. Reflexión propia del día. (Luego, en silencio, decir la intención por la cual rezamos esta novena y al final: "Nuestra Señora Desatadora de los Nudos, ruega por nosotros".)
5. Completar las dos decenas finales del Santo Rosario.
6. Despedida con la Oración a Nuestra Señora Desatadora de los Nudos.

Primer día
Madre de Dios

En este día, confiamos a María, Madre de Dios, el inquieto corazón del hombre de nuestros días, y recordando el mandato del Amor de Jesús, le suplicamos que interceda en favor de la caridad, la solidaridad y la concordancia que brotan del corazón que ama a Dios y a los hombres en su único mandamiento: "Amaos los unos a los otros como Yo os he amado".

Padre Nuestro, Ave María y Gloria.

Segundo día
Refugio de los pecadores

Confiamos a María, Refugio de los pecadores, nuestros gozos y alegrías, nuestras preocupaciones e intenciones particulares. Nosotros, que somos pecadores, nos ponemos en sus manos de Madre y le pedimos nos recuerde con frecuencia: "Haced lo que Él os diga". Recordando su unión con el misterio salvífico de Cristo, oramos...

Padre Nuestro, Ave María y Gloria.

Tercer día
Madre de la Iglesia

La Iglesia, Familia de Dios en el mundo, te confía hoy por medio de nosotros, pequeña parcela del Pueblo de Dios, sus comunidades eclesiales. A Ti, que eres Madre y Modelo de la Iglesia, confiamos los esfuerzos por instaurar el Reino de Tu Hijo en el mundo de hoy.

Padre Nuestro, Ave María y Gloria.

Cuarto día
Consoladora de los afligidos

El mundo sufre; y en él, hombres, niños, mujeres, jóvenes y ancianos participan de la pasión de Tu Hijo. A Ti, Consoladora de Afligidos, confiamos el sufrimiento del género humano; no nos importan hoy los motivos de esos dolores: ponemos bajo amparo a las personas que, en cualquier parte del mundo, sufren la "muerte" en esta vida.

Padre Nuestro, Ave María y Gloria.

Quinto día
Madre de la reconciliación

El odio, el rencor... las consecuencias de enfrentamientos y discusiones mal asumidos, no nos dejan ser plenamente felices, ni como humanos, ni como hijos de Dios. Por eso te pedimos, Madre de la reconciliación, tu intercesión para que alejes todo aquello que nos impide valorar la amistad y vivir como auténticos hijos tuyos.

Padre Nuestro, Ave María y Gloria.

Sexto día
Fuente de salvación

Alcánzanos, Fuente de la salvación, el don de caminar con fidelidad por la senda de la voluntad de Dios; que todos los hombres fijen los ojos en Ti, Señora Desatadora de Nudos, y alcancen un día junto a Ti, los gozos de la eterna bienaventuranza.

Padre Nuestro, Ave María y Gloria.

Séptimo día
Modelo de oración

Virgen orante, Modelo de oración: la vida de Jesús nos enseña cómo debemos vivir; su cruz, hasta dónde podemos llegar...

Tu presencia orante en la vida y muerte de Jesús nos mueve a suplicarte en favor de los Grupos de Oración y por nuestra propia vida orante: ayúdanos a ser, en el mundo de hoy, hombres y mujeres de oración hecha vida.

Padre Nuestro, Ave María y Gloria.

Octavo día
Auxilio de los cristianos

Son muchos los que todavía hoy, en plena civilización moderna, son perseguidos a causa de la fe en Dios. Unos serán obispos o dirigentes de comunidades eclesiales; los más, cristianos de a pie, sencillos...

A Ti, Madre, Auxilio de los cristianos, confiamos la Iglesia perseguida: "Bienaventurados los perseguidos por mi causa...", les dice Jesús.

Padre Nuestro, Ave María y Gloria.

Noveno día
Reina de la paz

Atiende, oh Madre, Reina de la paz, los gritos de todos los que sufren los efectos de las guerras e injusticias sociales y claman por una vida más justa, vivida en paz de corazón y en lazos de comunión con los hermanos. Concédenos alcanzar la paz que es Dios mismo.
Padre Nuestro, Ave María y Gloria.

Misterios del Rosario

Cada día de la semana, corresponde rezar los Misterios del Rosario según el presente orden:

Lunes y jueves: *misterios Gozosos.*
Martes y viernes: *misterios Dolorosos.*
Miércoles, sábados y domingos: *misterios Gloriosos.*

Más   un Padre nuestro,
       diez Ave María,
       un Gloria.

Misterios Gozosos

Primer Misterio: *La encarnación del Hijo de Dios.*
Segundo Misterio: *La visitación de María a Isabel.*
Tercer Misterio: *El nacimiento del Hijo de Dios.*
Cuarto Misterio: *La presentación de Jesús en el Templo.*
Quinto Misterio: *Jesús perdido y hallado en el Templo.*

Oración:

Oh, María, te pedimos: haznos comprender, desear, poseer con paz, la pureza del alma y del cuerpo.

Enséñanos el recogimiento, la interioridad: danos disposición para escuchar las inspiraciones buenas y la Palabra de Dios; enséñanos la necesidad de la meditación, de la vida interior personal, de la oración que sólo Dios ve en lo secreto.

María, enséñanos el amor: amor te pedimos, María; amor a Cristo; amor único, amor sumo, amor total, amor don, amor sacrificio por los hermanos.

Ayúdanos a amar.

Amén.

Misterios Dolorosos

Primer Misterio: *La oración de Jesús en el huerto.*
Segundo Misterio: *La flagelación del Señor.*
Tercer Misterio: *La coronación de espinas al Hijo de Dios.*
Cuarto Misterio: *Jesús, con la cruz, camino al Calvario.*
Quinto Misterio: *Jesús muere en la cruz.*

Oración:

María, enséñanos a creer como has creído Tú. Haz que nuestra fe en Dios, en Cristo, en la Iglesia, sea siempre limpia, serena, fuerte, generosa.

Madre digna de amor, enséñanos a amar a Cristo y a nuestros hermanos, como los amaste Tú. Haz que nuestro amor sea siempre paciente, respetuoso.

También enséñanos a captar, en la fe, la paradoja de la alegría cristiana, que nace y florece en el dolor, en la renuncia, en la unión con tu Hijo crucificado. Y que nuestra alegría sea siempre auténtica y plena, para poder comunicársela a todos nuestros hermanos en Cristo.

Amén.

Misterios Gloriosos

Primer Misterio: *La Resurrección del Señor.*
Segundo Misterio: *La Ascensión de Jesús al cielo.*
Tercer Misterio: *La venida del Espíritu Santo.*
Cuarto Misterio: *La Asunción de María al cielo.*
Quinto Misterio: *La Coronación de María como Reina.*

Oración:

A Ti confiamos, Madre nuestra, a cuantos hoy esperan una resurrección "humana": la solución a sus problemas a los que la vida nos enfrenta, el trabajo, enfermedades, soledad...

Que nosotros, los que poseemos -aunque sea poco-, vivamos las actitudes de tu Hijo: compartir lo nuestro, hasta nuestra propia experiencia y existencia.

Que sepamos vivir cada día la caridad como principio de toda actividad y la alegría como emblema de nuestro servicio.

Que nos unamos todos en un mismo Padre: Cristo.

Amén.

Oración

Oh, Señora y Madre Mía,
con filial cariño,
vengo a ofrecerte en este día
cuanto soy y cuanto tengo.

Mis ojos para mirarte,
mi voz para bendecirte,
mi vida para servirte,
mi corazón para amarte.

Acepta, Madre, este don
que te brindo con cariño
y guárdame como a un niño
cerca de tu corazón.

Aunque el dolor me taladre
y haga de mí un crucifijo,
que yo sepa ser tu Hijo,
que sienta que eres mi Madre.

En mi pena y en mi aflicción,
en mi vida y en mi agonía,
mírame con compasión,
no me dejes, Madre Mía,
morir sin tu bendición.

Súplicas e intenciones a
Nuestra Señora Desatadora de Nudos

Santa María, Madre de Dios, Tú que con valor de mujer y de madre respondiste a Dios: "Que se haga tu voluntad", contágianos de esa fuerza, la fuerza de tu fe y de tu amor.

María, hoy vengo a Ti lleno de dolor, a llorar mis penas en los brazos de una Madre que siempre escucha, que todo lo soporta, que todo lo cree.

Cree en mí, Madre mía, cree en mi dolor y en mi angustia; qué no haría una madre por su hijo, qué no harías Tú, María, Madre mía, por mí. Tan sólo pido me escuches, lleguen a Ti mis súplicas, las eleves hacia Tu Hijo bienamado, y que Él interceda por mí.

Que yo también pueda decir: "Señor, que se haga tu voluntad", dame, María, la capacidad para aceptar los designios que el señor tenga conmigo.

María, guíame, protégeme, desata la maraña de mis problemas; sólo Tú libras, María, sólo Tú desatas, sólo Tú y Tu Hijo pueden librarme de la opresión con que vivo, de la cual soy consciente que sólo nosotros, los hombres, somos responsables. Somos los que tropezamos en el diario caminar y los que nos enredamos en los lazos del orgullo, de la soberbia, de la incomprensión, de la falta de caridad y solidaridad.

Por eso recurro a Ti, María, mi Madre, para que me libres y desates de los nudos que impiden que seamos felices y estemos más cerca Tuyo y de Tu Hijo.

Para que con la oración persistente dobleguemos los duros corazones y podamos elevarnos hacia un mundo más generoso.

María, escucha mis ruegos...

Cantos de misa

Entrada
1. Somos un pueblo que camina

Somos un pueblo que camina
y juntos caminando podremos alcanzar
otra ciudad que no se acaba,
sin penas ni tristezas, ciudad de eternidad.

Somos un pueblo que camina,
que marcha por el mundo
buscando otra ciudad.
Somos errantes peregrinos
en busca de un destino,
destino de unidad.
Siempre seremos caminantes,
pues sólo caminando
podremos alcanzar
otra ciudad que no se acaba,
sin penas ni tristezas,
ciudad de eternidad.

Danos valor siempre constante,
valor en las tristezas,
valor en nuestro afán;
danos la luz de Tu palabra,
que guíe nuestros pasos
en este caminar.
Marcha, Señor, junto a nosotros,
pues sólo en tu presencia
podremos alcanzar

otra ciudad que no se acabe,
sin penas ni tristezas,
ciudad de eternidad.

Ofertorio
2. Bendito seas, Señor

Bendito seas, Señor, por este pan
y por el vino que acercamos a tu altar.

Padre del cielo, es tu amor
que nos invita a compartir
esta mesa de amistad,
a celebrar como hermanos
la alegría de ser tus hijos
compartiendo el mismo pan.

Hoy te traemos nuestras penas y alegrías,
te regalamos, Señor, el corazón,
porque queremos
que te quedes con nosotros
y amarte tanto como nos amaste vos.

También traemos el trabajo de los hombres,
que con la harina hicieron este pan,
que con la uva hicieron este vino,
que en Cuerpo y Sangre
de Jesús transformarás.

Todo esto, Padre, con amor te presentamos,
al preparar esta mesa del altar.
En ella todos los hombres nos unimos,
para poder ser instrumentos de tu Paz.

Comunión
3. Jesucristo, danos de este pan

Jesucristo, danos de este pan,
que tu pueblo crezca en unidad.

Siendo Dios, hombre te hiciste
para poder entregarte
en la cruz, sangriento altar,
donde a los hombres te diste.
Al morir te diste todo
ofreciéndote en la cruz
y es el cielo, buen Jesús,
que nos dabas de este modo.

Cuando eres celebrado
en cada misa te das,
pero ya no mueres más
porque estás resucitado.
Una vez todo te diste,
y en cada misa esta vez
hasta que vuelvas después,
como Tú lo prometiste.
Tú, Señor, has visto el hambre
que tenemos de hermandad
y nos brindas la unidad
con tu Cuerpo y con tu Sangre.
Y tu Cuerpo nos congrega
en eterna comunión
y la Sangre del perdón
hasta el corazón nos llega.
Que podamos con María,

en tu Espíritu Jesús,
ser los hijos de la luz,
más hermanos cada día.
Y estrechando nuestras manos
obedientes a tu voz,
ser así el pueblo de Dios,
servidor de los hermanos.

4. Canto a María

Mi alma canta el amor de Dios
y mi espíritu al Salvador,
porque Él miró mi humildad
todo el mundo me aclamará.

Y la Virgen Santa le cantó al Señor,
dándole las gracias por su gran amor. (bis)

Al humilde, Dios levantará,
al soberbio lo derribará,
al hambriento le dará su pan
y a los ricos los despedirá.

Y la Virgen Santa le cantó al Señor,
dándole las gracias por su gran amor. (bis)
Desde siempre Dios nos eligió,
para ser testigos de su amor,
su misericordia y su bondad
con nosotros siempre estará.

Y la Virgen Santa le cantó al Señor,
dándole las gracias por su gran amor. (bis)

5. Como Cristo nos amó

Como Cristo nos amó, nadie pudo amar jamás,
Él nos guía como estrellas
por la inmensa oscuridad.
Al partir con Él el pan, alimenta nuestro amor,
es el pan de la amistad, el pan de Dios.

Es mi cuerpo, vengan a comer,
es mi sangre, vengan a beber,
porque soy la Vida, Yo soy el amor,
a tu amor eterno llévanos, Señor.

Como Cristo nos amó, nadie pudo amar jamás,
en su pueblo es un obrero como todos los demás.
Con sus manos gana el pan, trabajando con amor,
Él conoce la pobreza y el dolor.

Como Cristo nos amó, nadie pudo amar jamás,
al morir en una cruz nos dio su paz y libertad.
Pero al fin resucitó por la fuerza de su amor
y salió de su sepulcro vencedor.

Como Cristo nos amó, nadie pudo amar jamás,
Él nos une como hermanos en su Reino de bondad.
Para siempre junto a Él viviremos sin temor,
nada puede separarnos de su amor.

Salida

6. Virgen de la esperanza

Virgen de la esperanza,
en nuestra marcha danos tu luz;
queremos ir contigo
por el camino que abre la cruz.

Madre del pueblo, condúcenos
por el camino de salvación.
Que en nuestra patria reine la paz,
en la justicia y la libertad.

Cielo y Tierra nueva;
esa es la meta de nuestro andar.
Somos la Iglesia en marcha,
que hacia la Pascua cantando va.

Sobre cerros y pampas
despunta el alba de nueva luz;
es la luz que trajiste
cuando nos diste a Tu Hijo, Jesús.

Afirma nuestros pasos,
da a nuestros brazos
fuerza y valor para luchar unidos
como instrumentos de salvación.
Mientras peregrinamos
vamos sembrando llanto y dolor;
volveremos llevando
en nuestras manos trigo de Dios.

CAPÍTULO VII

En todo el mundo,
María vela por sus hijos

Pocos pensamos alguna vez en esta imagen, pero es real: María nos tiene en sus brazos, como sus hijos, junto con el Niño Jesús.

Ella es nuestra Madre. El Padre Eterno nos la ha dado y Ella nunca se olvida de sus hijos.

María nos ha aceptado y nos ha amado desde el comienzo. Por eso siempre nos amará y nos protegerá.

Los Padres y los Doctores de la Iglesia sostienen que es necesaria la devoción a María para rescatar nuestras almas. Dios la hizo custodia de los bienes y dispensadora de gracias. Por eso la eligió como la Madre de Cristo.

Cada tanto y en diferentes lugares, María aparece bajo distintas advocaciones.

Latinoamérica es un continente privilegiado

en este sentido, pues son muchas las apariciones de la Virgen que se han producido en él.

María del Rosario, presente desde hace cuatrocientos años

En la Argentina, la Virgen obró milagros desde los tempranos tiempos de la colonización. En 1595 se registraron algunos de ellos en la provincia de Jujuy, dos años después de fundada la ciudad de San Salvador. En aquellos tiempos, la ciudad estaba habitada por los indios paypayas. Éstos eran dóciles agricultores y se convirtieron fácilmente al cristianismo.

En el poblado de San Francisco de Paypaya, donde vivían, se construyó una capilla de adobe con techo de paja, donde fue colocada la imagen de la Virgen. En aquellos días los paypayas estaban sufriendo una terrible epidemia que causó muchas muertes, y que se detuvo sólo cuando la Virgen del Rosario llegó a la capilla y los pobladores empezaron a rezarle. Se trató de un verdadero milagro.

Más adelante, la Virgen también salvó a los pobladores de San Salvador de Jujuy de los malones de los indios tobas, que no se sometían a los invasores españoles. Cuando el malón toba estaba por arrasar la ciudad, la Virgen se les apareció adelante, irradiando una fuerte luz que dejó a los indómitos indígenas anonadados. No se sabe qué pudo haberles comunicado la Virgen, pero lo cierto es que los indios dieron media vuelta a sus caballos y se retiraron del lugar a pleno galope.

En esta misma advocación, María volvería a aparecerse en la Argentina cuatrocientos años más tarde. En la ciudad de San Nicolás, al norte de la provincia de Buenos Aires, María del Rosario apareció en 1983 ante una sencilla y devota mujer llamada Gladys de Motta. Muchos de los mensajes, que aún se siguen produciendo, fueron publicados por la Iglesia, con la salvedad de que, por tratarse de una revelación privada, los feligreses no estaban obligados a creer en ella. Sin embargo, todos los años, el día de la primera aparición, el 25 de setiembre, llegan a San Nicolás cerca de trescientas mil personas rebosantes de fe y unción religiosa. He ahí el principal milagro.

Todos los mensajes de la Virgen, en las distintas apariciones marianas, hablan de paz, oración, ayuno, conversión, fe y penitencia.

San Nicolás, el pueblo de la Virgen

A partir de las apariciones en San Nicolás, se han producido miles de conversiones y sanaciones documentadas y avaladas por informes médicos. Miles de grupos de oración se han formado en la Argentina respondiendo al llamado de María. Junto con los mensajes, la Virgen de San Nicolás ha dado incontables referencias bíblicas y ha recomendado a los fieles responder leyendo la Palabra de Dios.

Los días 25 de cada mes, más de ciento cincuenta mil peregrinos participan de la misa que se celebra en el campito donde la Virgen pidió que se construyera una basílica.

¿Por qué se producen las apariciones de la Virgen del Rosario en la Argentina? El padre Carlos Pérez, primer rector del santuario, respondió con otra pregunta: "¿Y por qué Dios eligió al pueblo de Israel? Son cosas que no pueden saberse a ciencia cierta. En este caso, puede decirse que la Argentina es un pueblo muy mariano, y que, a pesar de todo lo que pueda ocurrir en el país, es un pueblo con una gran pureza de espíritu".

La Virgen le había dicho a Gladys: *"Mi día está cercano, ese día en que yo hablaré entre vosotros y ocuparé mi lugar. Soy la patrona de tu pueblo".*

"Bendito el momento en que el Señor eligió a este pueblo, porque lo eligió para que yo tuviera mi gran casa, esa casa que será paz y sosiego, lugar donde acunaré a millares de hijos que vendrán en busca de amor."

"Quiero mi morada grande para cobijar a todo aquel que me necesite, debéis hacerlo por nuestro Señor."

En el lugar que señaló Gladys para edificar el santuario, antes existía un baño colectivo para los habitantes de las viviendas precarias. Luego, todo el predio se convirtió en un inmenso basural.

Así escribió Gladys sobre uno de los mensajes más precisos que le envió María, en 1984: "En la noche, en el lugar elegido por la Virgen (este campito ribereño) durante el Santo Rosario, en el cuarto misterio, veo un lecho de rosas blancas, y sobre ellas varios rosarios blancos, que están como suspendidos en el aire. Luego, en mi casa, veo a la Virgen y me dice: *'No dejéis de orar en ese lugar, porque ahí se ora a la Madre, se le pide a la Madre, pero por sobre todas las cosas se ora a Dios y se alaba a Dios´"*.

Gladys se encaminó hacia el sitio indicado por María, junto con un grupo de vecinos. Al cabo de unos minutos, en medio del silencio sobrecogedor de la noche, un fuerte rayo de luz cayó sobre el lugar, hundiéndose con fuerza en la profundidad de la tierra. Tanto los vecinos como Gladys dejaron de caminar y se quedaron parados donde estaban: la emoción no los dejaba moverse. Si un extraño hubiera presenciado la escena habría pensado que un ovni los inmovilizó en el lugar. Pero no se trataba de un objeto volador no identificado: lo único que paralizó al grupo fue un fuerte sentimiento de fe, tan hondo que no abandonaría a ninguno de los presentes.

"Quiero estar en la ribera"

El 25 de setiembre de 1984, Gladys recibió el siguiente mensaje: *"No olvidéis el santuario, ya que será el Santuario del Señor. El tiempo pasará mas esto perdurará"*.

Ante la insistencia de Gladys, se instaló en el enorme campo abandonado una estampa grande, con marco de hierro forjado, donde el rayo de luz de la aparición le había señalado que debía construirse el santuario.

"Quiero estar en la ribera", clamaba la Virgen frente a la mirada atónita de Gladys.

La gente empezó a ir al campito ubicado a unas siete cuadras de la plaza principal de San Nicolás, y a dejar limosnas al pie de la gran estampa, para contribuir a la construcción del santuario. Ya no se pudo contener la afluencia de nicoleños y de peregrinos de los alrededores.

Luego, el baldío contó con una construcción precaria: una capilla de dos metros de ancho por tres de alto, formada por rústicas estacas, un toldo verde y un plástico delgado que hacía de pared en uno de los costados. Gladys ya había conseguido que la Municipalidad de San Nicolás de los Arroyos donara el terreno, para levantar el templo.

Enmarcada en la probeza del baldío, semejante al pesebre donde nació Jesús, los nicoleños levantaron la primera capilla precaria para la Virgen del Rosario. El 25 de diciembre de 1985, más de cuatro mil personas se dirigieron por primera vez al lugar en peregrinación, para profesar su devoción a María y la creencia en sus apariciones y mensajes.

En 1987 se comenzó a construir el templo y actualmente aún se le siguen agregando cosas para embellecerlo. Es tan grande que puede albergar entre ocho mil y nueve mil fieles. El lugar donde está la Virgen es un camarín ubicado en un entrepiso, que resulta visible desde cualquier lugar. El templo cuenta con una gran explanada, a la que se puede acceder desde distintos sectores para poder realizar actos exteriores. El santuario tiene dos accesos principales, diez entradas laterales y cuatro salidas de emergencia. Hay también accesos preparados para gente impedida físicamente.

Las aguas sanadoras

Más adelante, aparecieron por fin las aguas sanadoras. Fue en 1991. Las autoridades religiosas de San Nicolás dijeron al respecto: "Aquí no hay misterio. Decidimos abrir un pozo de agua en la cripta del templo, exactamente debajo del círculo que está en la puerta de la entrada y que indica el lugar que la Virgen iluminó, marcando así el sitio para levantar el santuario".

Desde siempre, las muestras de devoción a la Virgen fueron de las más profundas entre los fieles de San Nicolás, y María es honrada bajo la advocación de Nuestra Señora del Rosario, patrona del Curato de los Arroyos, que fundó la primera parroquia de la ciudad a fines del siglo pasado.

En 1884 se inauguró el actual templo parroquial de San Nicolás de Bari, y para esa ocasión el Vaticano envió una hermosa imagen de la Virgen del Rosario, bendecida por el papa León XIII.

En aquellos años se había creado en la parroquia la Cofradía del Rosario, y se celebraba anualmente la fiesta de la Virgen y su correspondiente novena preparatoria.

La Virgen le había dicho a Gladys: "*Mi día está cercano, ese día en que yo hablaré entre vosotros y ocuparé mi lugar. Soy la patrona de tu pueblo*". Finalmente, Gladys Quiroga logró cumplir el deseo de María y el anhelo de miles de devotos de que la visitan allí todos los años. Desde 1984, Gladys recibe también los estigmas de Cristo.

María: signo de los tiempos

El cardenal Ratzinger, en su reporte, sostiene: "Una de las señales de nuestros tiempos es la multiplicación de las apariciones marianas en todo el mundo".

La Virgen ha sido vista por ojos humanos desde Yugoslavia hasta Venezuela. Los muchos reportes sobre apariciones han presentado, sin embargo, un problema pastoral para la Iglesia, ya que a sus autoridades les ha sido difícil dar un juicio sobre ellas. Sobre todo porque solamente en el siglo veinte se han reportado más de trescientas apariciones marianas.

Los católicos más devotos sostienen que las apariciones de María tienen como propósito manifestar la presencia oculta de Dios, convertir corazones, renovar la vida en comunidad, reavivar y estimular la fe, y renovar la esperanza y el dinamismo de la Iglesia.

Desde la Argentina hasta Croacia, pasando por México, Nicaragua e Irlanda, María está enviando mensajes a sus hijos, hoy más que nunca, sin distingos de latitudes ni de razas.

El mundo está destruyéndose a sí mismo y las advertencias de la Virgen en este sentido son serias. Sus apariciones están diciendo esto de diferentes maneras, en distintos lenguajes, pero en todas partes producen el mismo impacto en quienes saben escucharlos.

El mundo creyó que había encontrado la felicidad abandonando a Dios. La Virgen aparece todos los días, en distintos puntos del planeta, para recordar que ese camino de falsa felicidad puede llevar a la destrucción de la humanidad.

La fuente que curará las enfermedades y las ansiedades

En "Las apariciones de la Santísima Virgen hoy", el padre René Laurentin dice: "El mensaje de las apariciones nos ofrece en primer lugar un diagnóstico: nuestro mundo moderno se ha abandonado muy alegre y silenciosamente al pecado. Se está destruyendo a sí mismo, las advertencias son serias. Esto es lo que las apariciones están queriendo decir de diferentes maneras, algunas veces en distintos lenguajes, intentando producir impacto en la gente. Otras veces, como en Medjugorje, en un lenguaje elíptico secreto donde todo lo que se conoce son las amenazas y sus causas (el pecado y el olvido de Dios) y los remedios. El diagnóstico tiene que ser visto en un contexto histórico. El mundo creyó que había encontrado el secreto de la felicidad abandonando a Dios. Al principio del siglo veinte, científicos triunfantes proclamaron que el progreso infalible de la ciencia y la razón crearían la paz, la prosperidad y la salud que el mundo había previamente pedido a Dios. La ciencia iba a poner fin a las epidemias, a la falta de alimentos, a las guerras. Esta convicción, tan equivocada, duró muy poco. El siglo que se creyó en el umbral de una era dorada llevó a dos guerras mundiales y a la amenaza de una tercera, para la que aún sigue preparándose. Las apariciones tienen la intención de invitarnos a volver a la fuente que curará las enfermedades y ansiedades".

Advocaciones más tradicionales de la Argentina

La advocación mariana que hasta ahora ha cosechado mayor devoción entre el pueblo argentino es la Virgen de Luján.

Este milagro de fe, que se renueva en constantes peregrinaciones y caminatas al santuario de la Virgen, comenzó cuando en 1630 el portugués Farías pidió a uno de sus amigos del Brasil que le enviara una imagen de la Concepción de María, para venerarla en la capilla que estaba edificando en su estancia de Sumampa. Al poco tiempo de realizado el pedido, llegaron dos imágenes, cada una dentro de un cajón. Un par de hombres que trabajaban para Farías los cargaron en una carreta y, acto seguido, tomaron el camino que los llevaba al norte de Buenos Aires.

Al llegar a orillas del río Luján, los troperos se detuvieron para pasar la noche en la estancia de un hombre llamado don Rosendo. A la mañana siguiente, al intentar continuar la marcha, los bueyes no pudieron mover la carreta.

Entonces, los troperos decidieron aligerar el peso del vehículo, pero los animales nuevamente siguieron sin poder tirar de él. Al fin, los hombres bajaron el cajón que contenía la imagen de la Virgen y la carreta comenzó a andar, por lo que entendieron que había un deseo de Nuestra Señora, en su título de la Inmaculada Concepción, de permanecer en aquel lugar para ser venerada.

Así comenzó la tradición de Luján.

La Virgencita de Itatí

Sin embargo, una devoción mucho más antigua aún es la que despertó la Virgen de Itatí. Fue la primera vez que María se manifestó de manera importante en el territorio del Río de la Plata. Ocurrió en el siglo XVI.

En los primeros meses de 1528, el conquistador Juan Caboto llegó al territorio del Río de la Plata y se encontró con el cacique Yaguarón y sus indios, con los que entabló una buena convivencia, sin guerra.

En este punto comienza la historia de la Virgen de Itatí, si bien existen varias hipótesis sobre su origen. Pero se sabe que apareció tallada en timbó, con rostro de nogal, sacados de los montes de la región guaranítica. No cabe duda de que fue tallada por indígenas. La imagen tiene un hermoso rostro de tez oscura, redondo, como el de las mujeres guaraníes.

Los sacerdotes consideraron que aquellos indígenas que la tallaron habían encontrado inspiración divina en el momento en que la realizaron.

Luego, en 1835, tal vez fueron los prejuicios raciales los que llevaron a tallarle un nuevo rostro a la Virgen, esta vez ovalado.

Quien introdujo la primitiva imagen en la reducción guaraní de Yaguarí, en la provincia de Corrientes (noreste argentino), fue fray Luis Bolaños.

En otra punta del territorio argentino, y hacia finales del siglo XVI, ocurrió otro hecho milagroso. Fue dos años después de que el obispo de Tucumán, Francisco de Victoria, enviara al convento de los dominicos, que quería fundar en Córdoba, una imagen de la Virgen tallada en madera, con facciones indígenas.

El obispo falleció en un viaje a Europa, al poco tiempo de ordenar que se enviara la imagen, en 1590.

Dos años después, el 19 de junio de 1592, aparecieron sobre las olas del océano Pacífico, en el puerto del Callao, dos arcas, que arrastradas por las olas llegaron a la costa. Unos pobladores peruanos recogieron las arcas y vieron que una de ellas llevaba una inscripción que decía: "Una Señora del Rosario, remitida por fray Francisco de Victoria, obispo de Tucumán".

El hecho de que la imagen apareciera dos años después de la muerte de fray Francisco de Victoria, y en tan extrañas circunstancias, fue considerado un milagro.

Cuando el virrey del Perú se enteró de la noticia, ordenó recibir a la Virgen con los honores correspondientes, y que se la llevara a la Catedral de Lima. El milagro fue celebrado con salvas de artillería y fusiles.

Tiempo después, la Virgen fue entronizada en Córdoba como Nuestra Señora del Rosario del Milagro. Otra de las advocaciones más antiguas en la Argentina es la Virgen del Valle. Su advocación dio origen a la ciudad de Catamarca, en el noroeste argentino. Alrededor de 1620, la Virgen se le apareció a un indio que trabajaba para don Manuel de Zalazar.

Ocurrió en una gruta de Ambato, cerca del pueblo indígena de Choya. Allí fue donde los indios comenzaron a adorar la imagen.

Apariciones en Latinoamérica

La más importante de las apariciones de la Virgen en América Latina es la de Nuestra Señora de Guadalupe.

El primer hecho ocurrió el 9 de diciembre de 1531, cuando María se le apareció al indio Juan Diego, en una colina cercana a la actual ubicación de la ciudad de México. Ella le dijo que era la Madre de Dios y pidió que se le erigiera un santuario y que a su imagen se le diera el nombre de Nuestra Señora de Guadalupe. Para convencer al obispo, monseñor Zumárraga, de la autenticidad de lo que Juan Diego afirmaba, la Virgen milagrosamente imprimió su imagen de cuerpo entero en la capa del indio, hecha de un tejido de flor de cactus llamado tilma.

Otra advocación, que tiene su origen en Roma, Nuestra Señora de la Paz, es la que dio el nombre a la capital de Bolivia, La Paz. Su primera denominación fue Nuestra Señora de la Paz y fue fundada por el licenciado presbítero Pedro de la Gasca, en 1584. La imagen de la Virgen fue regalada años después por el emperador Carlos V.

En 1988, la Virgen fue vista en Ecuador. Fue el 28 de agosto, alrededor de las 4.30 de la madrugada. Patricia Talbott se despertó a causa de un sueño y encontró la habitación iluminada por una luz, en medio de la cual apareció una hermosa mujer que le dijo: "No temas. Soy tu Madre del Cielo. Cruza tus manos sobre el pecho y reza por la paz del mundo, porque es ahora cuando más la necesita. Construye un altar en este lugar". Después la mujer se fue, dejando un aroma a flores que duró por tres días y pudo ser percibido por cualquiera que entrase en la habitación.

En aquel momento, Patricia Talbott tenía 16 años y trabajaba como modelo. Formaba parte de un grupo de jóvenes que viajaban por el mundo modelando vestimentas tradicionales del Ecuador.

A comienzos de 1988, después de una presentación en la ciudad de México, las jóvenes visitaron la Catedral, en la Plaza del Zócalo. Fue allí donde la Virgen se les apareció por segunda vez.

"Hijos míos, recen mucho"

Otra de las apariciones más famosas en México fue la ocurrida en Tierra Blanca. En 1987, tres niños de ese pueblo, en la diócesis de Querétaro, dijeron haber visto a la Virgen María. Los tres son hermanos, y dos de ellos, las hermanas Elba, de 14 años por entonces, y Zendia, de 11, manifestaron haber recibido mensajes de Nuestra Señora, que transcribieron meticulosamente, a pesar de contar con un grado de instrucción muy elemental. Los tres chicos hicieron la misma descripción de la imagen que vieron de la Virgen.

Esa zona de México es sumamente pobre y sus pobladores son muy creyentes. Los mensajes de María podrían resumirse así: *"Mi hijo sufre por la multitud de pecados"*, y habla de la Crucifixión, de los sufrimientos de la pasión y de las ofensas intolerables contra Dios, las cuales son la causa de los sufrimientos.

María dijo a los niños que todos sus hijos debían rezar, particularmente el Rosario, y confesarse.

Manifiesta también que deberíamos leer la Biblia y ayunar.

El 15 de marzo de 1987, María pidió a los pobladores de la pequeña comunidad de Tierra Blanca que construyeran una basílica consagrada a Ella. Y más tarde, el 22 de abril, les dio el siguiente mensaje: *"Hijos míos. Yo, vuestra Santa Madre, he venido para pedir paz, y por esta razón he hablado en muchos lugares del mundo. Hijos míos, recen mucho"*.

Advocaciones más conocidas en el mundo

Tal vez una de las advocaciones más antiguas de María que se conocen es la denominada Stella Maris (Estrella de los Mares), que comenzó con un himno que data del año 601. A ella se ha referido largamente San Bernardo, en el siglo XI, en páginas plenas de fervor mariano.

Los pescadores y marinos llevan estampas de Stella Maris para que los proteja en sus viajes. En la Argentina es patrona del Puerto de Rawson (en la Patagonia) y de la Armada Nacional.

En 1251, la Virgen del Carmen se le apareció a San Simón Stock y le entregó un escapulario. En él aparece de un lado María, con una corona, teniendo al Niño en sus brazos y hay una inscripción que dice: "Nuestra Señora del Carmen, sé nuestra protección". Del otro lado se ve a la Virgen y al Niño haciendo entrega del escapulario a Simón Stock, con una leyenda que dice: "San Simón Stock recibiendo el Santo Escapulario".

Al aparecer, la Virgen dijo que sería la protectora de los carmelitas y dejó la promesa de que quien lleve su escapulario, morirá en la gracia de Dios.

Otra de las advocaciones más antiguas es la de María Auxiliadora de los Cristianos, a la que se le reconocen muchos milagros. Entre ellos, la victoria de los españoles sobre los turcos, en la batalla de Lepanto, en 1571. Luego, una nueva victoria de los españoles sobre los sarracenos en 1683; la liberación del papa Pío VII, cautivo de Napoleón; el hecho de que Don Bosco haya sido instrumento de la Virgen para comunicarse con los cristianos; el haber obrado muchas sanaciones, y muchos otros igualmente sorprendentes.

Pero más allá de estos milagros, lo que los católicos saben es que quien ore con fe obtendrá de la Virgen lo pedido.

También en el siglo XVI, la Virgen se les apareció a dos carboneros, sobre una carrocilla. Ocurrió en el monte San Salvador, en Aragón. La imagen de esta Virgen fue llevada muchos años después a Mendoza, en la Argentina, donde fue llamada por los lugareños Virgen de la Carrodilla, patrona de los viñedos desde 1938.

La Virgen en el siglo XIX

En 1830, en París, la Virgen se le apareció a Catherine Laboure, una religiosa de las Hermanas de la Caridad. Fue el 18 de julio, en la rue du Bac.

La hermana Catherine fue despertada tarde en

La cuarta aparición sucedió el domingo 19 de agosto, en los Valinhos. No pudo realizarse el día 13 en Cova de Iría, porque los niños habían sido llevados presos para que revelaran el secreto. Luego, fueron liberados y mientras apacentaban ovejas en Valinhos, apareció la Virgen y les dijo que deseaba que siguieran yendo a Cova de Iría los días 13, que continuaran rezando el Rosario todos los días y que el último mes haría el milagro para que todos creyeran.

La quinta aparición fue el jueves 13 de setiembre. Allí la Virgen prometió el fin de la guerra y que en octubre vendrían también Nuestro Señor, Nuestra Señora de los Dolores y del Carmen, San José con el Niño y Jesús para bendecir al mundo.

Más tarde, el 13 de octubre, la Virgen cumplió con el milagro que les prometió a los niños aquel día. El Sol comenzó a girar irradiando colores en todas direcciones, y después se aproximó a la Tierra. Cuando estaba a punto de chocar con nuestro planeta, o así lo parecía según quienes lo vieron, el Sol volvió súbitamente a su posición y brillo habituales. Desaparecida la Virgen de Fátima, los pastorcitos vieron del lado del Sol a San José con el Niño, luego vieron a Nuestro Señor, Nuestra Señora de los Dolores y luego a la Virgen del Carmen. Más de setenta mil personas fueron testigos de esta gran señal en la Cova de Iría, en Fátima. La multitud testificó también que la ropa y la tierra, que habían sido empapadas previamente por una intensa lluvia, se secaron en el acto por completo.

Como la Virgen había predicho, Jacinta y Francisco murieron un par de años después. La Virgen

siguió apareciéndosele a Lucía, que se hizo religiosa y
aún vive.

María Rosa Mística

En la primavera de 1947 surgió una nueva
advocación de Nuestra Señora. Fue cuando María Rosa Mística se apareció a la enfermera italiana Pierina
Gilli. Su vida había transcurrido con normalidad en el
pueblo de Montichiari, hasta la soleada mañana en
que la Virgen detuvo su apresurado andar para encomendarle sus mensajes al mundo. La santa imagen de
la Virgen inundó los ojos de la enfermera, que no se
atrevió a parpadear.

Pierina contaba entonces: "Es una señora be-
llísima, con túnica morada y velo blanco en la cabeza, que lloraba y estaba muy triste".

Tres enormes espadas atravesaban el pecho
de María, que pronunció sólo tres palabras aquella
vez: oración, sacrificio y penitencia.

Únicamente las personas de mucha fe creyeron la historia que contaba Pierina. Pero el domingo
13 de julio de 1947, por la mañana, y mientras la enfermera trabajaba en el hospital, la Virgen volvió a
aparecer. "*Soy la Madre de Jesús y de todos vosotros*",
dijo a Pierina.

"*El Señor me envía para promover una nueva devoción mariana en las congregaciones religiosas,
instituciones masculinas y femeninas, y entre los sacerdotes de este mundo. Les prometo proteger a las instituciones y a las órdenes religiosas que me veneren de*

una manera especial, aumentar sus vocaciones e in-suflar un gran deseo de santidad entre los servidores de Dios. Es mi anhelo que el 13 de julio se celebre el Día Mariano. Oraciones especiales deben decirse durante los doce días precedentes. Deseo también que el 13 de julio de cada año sea la celebración en honor de la Rosa Mística", continuó María.

También le anunció: "*El milagro más evidente tendrá lugar cuando las almas de los consagrados, relajadas en espíritu, pongan término a las continuas ofensas al Señor, volviendo a revivir el espíritu de los Santos Fundadores*".

En esta segunda aparición, la Virgen ya no estaba atravesada por tres espadas. En cambio, llevaba tres rosas en el pecho. Evidentemente, la Virgen estaba haciendo un llamamiento al orden y a la reconversión dentro mismo de las instituciones religiosas, y muchos de sus mensajes estuvieron centrados en esos objetivos. Por ejemplo, el 7 de diciembre de 1947, Pierina recibió este mensaje:

"*Quiero dar a conocer mi Corazón Inmaculado, que es tan poco conocido por los hombres. En Fátima quise propagar la devoción de la consagración a mi Corazón. En Bonate, busqué de inculcar esta devoción en las familias cristianas (allí apareció la Virgen durante la Segunda Guerra Mundial). Aquí, en Montichiari, deseo además que la devoción a Rosa Mística, unida a la devoción a mi Corazón, sea profundizada y propagada en los institutos religiosos, a fin de que las almas de los religiosos puedan obtener gracias más abundantes de mi Corazón Materno*".

La Iglesia no ha reconocido esta advocación

por considerar que no hay pruebas suficientes para ello, a pesar de los milagros producidos a raíz de sus apariciones. Esto presta cierto carácter enigmático a la advocación de María Rosa Mística, que atrae a miles de fieles en Italia, en Alemania y en la Argentina.

El primer milagro se produjo en la catedral de Montichiari, donde Pierina y miles de fieles fueron a recibir el mensaje que la Virgen había anunciado para ese día, en ese lugar. Todos esperaban el mensaje cuando la humilde enfermera la vio: "Oh, la Virgen", dijo Pierina, colmada por la emoción.

Al momento se hizo un silencio tal que el mismo monseñor Rossi, párroco de la Catedral, afirmó que a pesar de la enorme multitud presente, el silencio era tan absoluto que se hubiera podido escuchar "el vuelo de una mosca".

Pierina vio a la Virgen de pie en una gran escalera blanca, adornada de rosas blancas, rojas y amarillo oro. Sonriendo, dijo: *"Yo soy la Inmaculada Concepción"*. Descendió unos escalones y agregó: *"Soy María, la llena de gracia, la Madre de mi Divino Hijo Jesucristo"*.

Continuó descendiendo unos escalones más y prosiguió: *"Aquí, en Montichiari, deseo ser llamada Rosa Mística. Es mi deseo que todos los años, el 8 de diciembre, tenga lugar a mediodía la Hora de Gracia Universal, con la cual se obtendrán numerosas gracias espirituales y corporales. El Señor concederá gran misericordia si los buenos continúan siempre rezando por sus hermanos pecadores. Haced saber al Santo Padre de la Iglesia Católica, el papa Pío XII, mi deseo de que la Hora de Gracia sea difundida y practicada en todo el mundo.*

Aquellos que no puedan ir a sus respectivas iglesias también obtendrán de Mí las gracias en sus casas. A quien rezare y derramare lágrimas de arrepentimiento en esta iglesia, le será indicado un camino seguro para obtener de mi Corazón gracia y protección".

Pierina, mientras transcribía el mensaje, notó que el Corazón de la Virgen brillaba y resplandecía y luego la oyó decir: *"He aquí el Corazón que tanto ama a los hombres, mientras que la mayor parte de ellos le devuelve sólo ultrajes. Cuando los buenos, como también los malos, estén todos reunidos en oración, obtendrán de este corazón misericordia y paz. Hasta aquí los buenos, por mi intercesión, han obtenido de Dios un acto de misericordia, que alejó un gran flagelo. De aquí a poco el mundo conocerá la grandeza de esta Hora de Gracia".*

Pierina, al advertir que la Virgen se desvanecía, le dijo: "Virgen bella, te agradezco, bendíceme y bendice a mi país, Italia, y a todo el mundo, en particular al Santo Padre, y también a los pecadores".

La Virgen respondió: *"Tengo ya preparadas abundantes gracias para todos aquellos hijos que, escuchando mi Voz, ponen en práctica mis deseos".* Y dicho esto, desapareció.

Entonces se produjo el primer milagro. Una joven de 26 años, que durante años se había visto impedida de hablar por la tuberculosis que la afectaba, logró cantar una alabanza a María y curarse; un niño atacado por la polio caminó y un hombre cuya hija de 36 era enferma mental, regresó a su casa y se encontró con un hecho asombroso: la mujer podía razonar y estaba en perfectas condiciones de salud. Este último caso resultó particularmente valioso para ser presentado ante las autoridades de la Iglesia, pues la recuperación de la mujer no podía atribuirse a una sugestión colectiva, y la única explicación posible era la del milagro.

A partir de ese día, María Rosa Mística es venerada en Italia, y en el resto del mundo comienzan a multiplicarse sus milagros entre los nuevos devotos.

Rosa Mística en Buenos Aires

En Buenos Aires, todo comenzó con una mágica tarjeta postal. En el verano de 1984 el padre D´Auro había recibido una tarjeta postal de la Virgen María Rosa Mística, que al dorso llevaba impresa una oración en alemán.

"Quiso Dios que la colocara en el altar -declaró el sacerdote en una oportunidad para la prensa- y casi inmediatamente después se produjeron las primeras curaciones."

En efecto, quienes oraron frente a ella, muchos con extrema desesperación por sufrir enfermedades terminales, observaron una mejoría y hasta sanación con el correr de los días. Entonces comenzó a hablarse de milagros y se obtuvieron testimonios muy valiosos, como el de la doctora Gladys Cangaro, quien en 1986 expulsó un tumor maligno del recto y curó completamente.

El padre D´Auro, campechano y cordial, al ver la conmoción de los feligreses y escuchar tan maravillosos relatos, pidió una imagen a Alemania, reemplazando así la estampita original. La imagen de la Virgen fue colocada en el pequeño (y único) altar lateral de la Iglesia de la Victoria, ubicada en la intersección de las calles 54 y 23 de La Plata.

Finalmente, cuando se decidieron a levantar un camarín santuario, pidieron otra talla. Poco tiempo después, desde la ciudad italiana de Montichiari, fue enviada a la Argentina "la número 165".

Enseguida, la devoción popular atrajo un número cada vez mayor de fieles, al punto que el pequeño templo se convirtió en un santuario por el que desfilan multitudes.

En las paredes de la Iglesia de la Victoria hay entre trescientos y cuatrocientos placas de todos los tamaños, la mayoría con forma de corazón. Se trata de los últimos agradecimientos a la Virgen, que hablan especialmente de sanaciones producidas por intercesión de la Virgen: "Gracias, Madre, por tu milagro de Navidad de 1985 en la sanación de mi padre Julián", dice una de las placas. Otra expresa: "Luchito te agradece todos tus dones infinitamente".

La gran sorpresa de Alberto Padín

En el principio fue la sorpresa, al menos para Alberto Padín, un joven de 30 años, iniciador casi involuntario de la devoción a María Rosa Mística en Avellaneda, en la provincia de Buenos Aires. Devoto mariano desde que tiene memoria, en 1981 Alberto escribió a Alemania para que le enviaran información sobre la Virgen.

Dos meses más tarde, fue a retirar los folletos a la Aduana, pero en lugar de los papeles le entregan una inmensa caja sellada: era la imagen de la Virgen, envuelta en gasas y algodones. Era tan hermosa que los empleados de la Aduana no podían dejar de mirarla, y Alberto tampoco.

Una vez en su casa, preparó lo que sería el primer altar de María Rosa Mística en el Gran Buenos Aires. Algo asustado por la responsabilidad que implicaba haber recibido la imagen, armó el primer grupo de oración, que se reunía en su casa para rezar el Rosario.

Más tarde, con la entusiasta colaboración de la gente, Alberto pudo alquilar un recinto bastante amplio en Avellaneda, para albergar al creciente número de devotos. Allí continúan reuniéndose hasta el día de hoy, en la calle La Rioja 2136, Avellaneda.

Estos grupos de oración formados por Alberto y la actriz Martha González fueron los que realizaron las cadenas de oración alrededor del Hospital Garrahan, cuando Daiana Amorín, una niña de dos años, agonizaba sin remedio. Necesitaba un transplante hepático urgente y, cuando se lo realizaron, los sucesivos rechazos al órgano implantado la pusieron varias veces al borde de la muerte. Una vez que la niña se repuso, luego de incontables padecimientos, tanto sus padres como el cuerpo de profesionales del hospital estaban convencidos de que Daiana no lo hubiese logrado sin la fuerza espiritual de la gente y la intercesión de María.

El segundo caso que tuvo en vilo a los argentinos fue el de Yezabel Crespo, una niña que se arro-

jó a las vías del tren para salvar a una amiguita. La niña, en efecto, quedó a salvo, pero Yezabel fue
arrastrada por el tren y terminó al borde de la muerte.
Enterados del caso, Alberto y su gente realizaron nuevas cadenas de oración, esta vez alrededor del Hospital de Niños Sor María Ludovica, de La Plata. Y nuevamente se produjo el milagro: Yezabel, aunque sufrió la
amputación de una pierna, se recuperó totalmente.

(Todos aquellos que deseen solicitar la imagen o pedir oraciones por los enfermos, pueden comunicarse al celular (15) 4937-1240, y dejar el mensaje.)

Nuestra Señora de la Paz y María Desa-
tadora de Todos los Nudos

En la actualidad, son las apariciones de
Nuestra Señora en Medjugorje, Yugoslavia, las que
centran la atención de toda la cristiandad. Se estima
que más de treinta millones de peregrinos han visita-
do esta nueva Lourdes.

La Virgen dijo en Medjugorje: "La paz del
mundo está en estado de crisis". Por eso es que Ella
siempre invita a la reconciliación y a la conversión, y
prometió dejar una señal visible en el lugar de las
apariciones en Medjugorje.

En este contexto mundial hace su irrupción
el milagro de María Desatadora de Todos los Nudos.
Ese milagro consiste en el despertar de la fe en cientos de miles de católicos de América latina, que nunca habían pensado que en su vida, a partir de entonces, cobraría fuerza inusitada la devoción mariana.

Hoy muchos cristianos pueden dar testimonio de haber alcanzado una profunda felicidad luego de haber regresado al rebaño de la Madre. Así han descubierto que el ser humano está rodeado permanentemente de hechos extraordinarios que pasan inadvertidos ante los ojos de quienes no sienten sus corazones inundados de fe. Los milagros suceden permanentemente alrededor de las mujeres y los hombres que han retornado a María. Estos milagros son señales de Dios que muestran el camino de la verdadera felicidad. El primer paso para encontrarlos es el regreso a la vida de oración.

ÍNDICE

UN SANTO
PARA CADA DIA

SEGUNDA EDICION
Cómo invocarlos y lograr su
protección. 16 estampitas
color de los Santos
más venerados.

Padre Julián Victoria
162 p. 13.5 x 21.5 cm.
ISBN 987-9167-81-3
$ 9.90 cod. 60.050

CEFERINO NAMUNCURA
El niño, el indio, el santo

Un relato minucioso de la vida
de Ceferino, junto con numero-
sos testimonios de sus milagros.

Padre Julián Victoria
162 p. 13 x 18 cm.
ISBN 987-525-006-6
$ 7.90

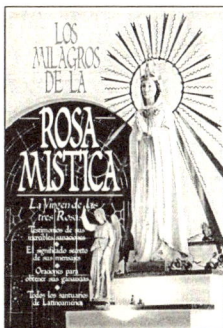

LOS MILAGROS DE
LA ROSA MISTICA
La Virgen de las tres Rosas

Testimonios de sus sanaciones.

Blanca Ramirez Blanco
194 p. 13 x 18 cm.
ISBN 987-9167-85-6
$ 7.90

MILAGROS DE NUESTRA
SEÑORA DE SAN NICOLAS

La conmovedora historia de la
última aparición de María en la
Argentina.

Blanca Ramirez Blanco
194 p. 13 x 18 cm.
ISBN 987-9167-93-7
$ 7.90